Luiz Guilherme Brom

Jose Eduardo Amato Balian

Análise de investimentos e capital de giro:

conceitos e aplicações

Editora Saraiva

www.editorasaraiva.com.br

Editora Saraiva

Rua Henrique Schaumann, 270
Pinheiros – São Paulo – SP – CEP: 05413-010
PABX (11) 3613-3000

SAC **0800-0117875**
De 2ª a 6ª, das 8h30 às 19h30
www.editorasaraiva.com.br/contato

Direção editorial	Flávia Alves Bravin
Coordenação editorial	Rita de Cássia S. Puoço
Editorial Universitário	Luciana Cruz Patricia Quero
Editorial de Negócios	Gisele Folha Mós
Produção editorial	Daniela Nogueira Secondo Rosana Peroni Fazolari William Rezende Paiva
Produção digital	Nathalia Setrini Luiz
Suporte editorial	Najla Cruz Silva
Arte e produção	Know-how Editorial
Capa	Know-how Editorial/Juliana Midori Horie
Produção gráfica	Liliane Cristina Gomes
Impressão e acabamento	Mark Press Brasil

ISBN 978-85-02-06012-8

CIP-BRASIL. CATALOGAÇÃO NA FONTE
SINDICATO NACIONAL DOS EDITORES DE LIVROS, RJ.

B886a

Brom, Luiz Guilherme
Análise de investimentos e capital de giro: conceitos e aplicações / Luiz Guilherme Brom, Jose Eduardo Amato Balian. - São Paulo : Saraiva, 2007.

Contém exercícios propostos
Inclui bibliografia
ISBN 978-85-02-06012-8

1. Investimentos - Análise. 2. Matemática financeira. I. Balian, Jose Eduardo Amato. II. Título.

07-0528 CDD-332.6
CDU-330.322.01

1ª edição
1ª tiragem: 2007
2ª tiragem: 2009
3ª tiragem: 2012
4ª tiragem: 2014
5ª tiragem: 2014

354.713.001.005

Para Lina e Sarkis Balian (*in memoriam*).
Jose Eduardo Amato Balian

Para Cynthia, Guilherme e Mariana.
Luiz Guilherme Brom

Agradecimentos

Em especial, agradecemos aos amigos, muito mais que professores e colegas, Jair Seixas e Sergio Fontoura, pelas revisões e pela elaboração dos exercícios de análise de investimentos, oferecidos aos leitores como material de apoio por meio do *site* www.saraivauni.com.br.

De forma muito carinhosa, agradecemos também à Fundação Armando Álvares Penteado, por meio da Faculdade de Administração de Empresas, representada pelos professores Henrique Vailati Neto e Tharcisio Bierrenbach de Souza Santos, nossos grandes mestres e incentivadores.

Aos mais de 17 mil alunos nesses vários anos de magistério, com os quais pudemos contribuir para suas formações profissionais e aprender em um processo de interação constante.

Nosso muito obrigado!

Os autores

Sobre os autores

Luiz Guilherme Brom

Mestre em Administração de Empresas pela Universidade de Louvan (Bélgica) e doutor em Ciências Sociais pela Pontifícia Universidade Católica de São Paulo (PUC-SP). Autor de dezenas de artigos publicados na grande imprensa e do livro *Crédito comercial*. Entre outras empresas, trabalhou na IBM, Santista Têxtil e Monsanto Europe.

Jose Eduardo Amato Balian

Mestre em Administração de Empresas pela Universidade Paulista (Unip). Professor dos cursos de graduação e pós-graduação da Fundação Armando Álvares Penteado (FAAP), Escola Superior de Propaganda e Marketing (ESPM) e Instituto de Pesquisas Tecnológicas (IPT). Consultor organizacional, sócio-diretor da BB Consult e consultor da Fundação das Indústrias do Estado de São Paulo (Fiesp) no Projeto de Incubadora de Empresas.

Prefácio

Para melhor entendimento dos conceitos oferecidos, dividimos o livro em duas partes: na primeira, abordamos métodos para avaliação de investimentos; na segunda, a gestão de capital de giro.

Acreditamos que esses pontos, que abrangem o equilíbrio financeiro de curto e de longo prazos, são de fundamental importância para a gestão eficiente das empresas e o conseqüente sucesso dos negócios.

É importante frisar que não objetivamos, com este trabalho, esgotar esses temas, mas, sim, apresentar um ponto de partida para aprofundar seu estudo e subsidiar discussões futuras. Às decisões de investimento aqui analisadas vinculam-se diversas questões que afetam a administração da empresa, tais como:

Que decisão de investimento devo tomar?

- ❑ Das alternativas de investimento ao meu alcance, qual devo selecionar?
- ❑ Devo reformar a máquina velha ou comprar uma nova? O investimento valerá a pena? Como mensurar as alternativas?
- ❑ Devo optar por qual forma de distribuição dos produtos? Vendê-lo diretamente ao consumidor ou a um distribuidor? Qual atende o cliente mais rapidamente e proporciona melhor rentabilidade à empresa?
- ❑ Devo estabelecer uma política de reajustes salariais baseada no tempo de serviço ou na produtividade das pessoas?
- ❑ Como escolher a melhor alternativa de aplicação financeira ou de tomada de empréstimos?

E assim por diante.

Enfim, independentemente da área em questão — finanças, marketing, recursos humanos, produção, tecnologia, logística etc. —, desde que possamos quantificar uma alternativa, podemos decidir qual escolher com mais critério e segurança.

Essas questões serão discutidas na primeira parte do livro, na qual estudaremos as etapas do processo de decisão de investimentos, as projeções de seu retorno e as metodologias de análise de possíveis investimentos, tendo como base as ferramentas que devem ser usadas para tomar essas decisões, as quais abrangem os Valores Presentes Líquidos (VPL), a Taxa Interna de Retorno (TIR) e o Período de Retorno do Investimento (*Payback*). Ao final, analisaremos o risco da decisão tomada.

A segunda parte do livro trata da administração do capital de giro e busca responder às seguintes questões:

Como administrar a liquidez da minha empresa?

- O resultado financeiro é satisfatório para o atendimento das obrigações perante terceiros e das exigências dos sócios? Em suma: a empresa possui boa capacidade de pagamento?
- A empresa possui capital de giro necessário para manter produção em volume adequado para o atendimento da demanda? Como calculá-lo?
- Como reduzir as despesas financeiras?
- Trabalho muito e o resultado parece que está indo para os bancos? Como reverter essa situação?

Nesta parte da obra, buscamos subsidiar o leitor e familiarizá-lo com um modelo de gestão para o cálculo da necessidade e do volume atual do capital de giro de empresa, bem como suas principais fontes de financiamento de curto prazo.

Partimos das características de algumas variáveis financeiras e da estrutura patrimonial de empresa e, a partir do ciclo financeiro e de sua capacidade de crescimento, calculamos sua necessidade de capital de giro. Dessa forma, subsidiamos os executivos a estabelecer políticas de crescimento para a empresa sem comprometer seu nível de endividamento e de rentabilidade.

Nos últimos anos, temos trabalhado em vários projetos por meio de nossa consultoria, a BB Consult, e temos notado uma situação muito comum em organizações com dificuldades para manter seus compromissos em dia. "Deter significativa parcela de mercado, possuir produtos e serviços de qualidade, atender bem seus clientes, mas financeiramente estar 'quebrada'. Ou seja, ter elevadas despesas financeiras e nível de endividamento alto, além de inúmeras dificuldades para cumprir seus compromissos em dia". Perguntávamo-nos: o que aconteceu?

Logo pudemos notar uma incompatibilidade entre volume de vendas, de produção, necessidade de capital de giro e capital de giro próprio. O que acontecia então, normalmente, era que a empresa havia crescido muito rapidamente, isto é, sem dispor do volume de capital de giro necessário para sustentar esse patamar de produção. Daí suas dificuldades financeiras.

A segunda parte do livro, portanto, trata de todas as questões relativas à gestão do capital de giro da empresa: o que é? Como calculá-lo? Como analisar a empresa a partir de seu Balanço Patrimonial e, posteriormente, tomar as medidas corretivas?

Muitas empresas terminam suas atividades fundamentalmente por dois motivos: por falta ou por excesso de pedidos. O cálculo da capacidade de crescimento a partir da estrutura atual permite minimizar o problema do crescimento muito rápido (excesso de pedidos) sem dispor do volume de capital de giro necessário para tal velocidade de crescimento.

Assim, ao preencher o Mapa de Acompanhamento de Capital de Giro (MACG) de sua empresa — o qual será estudado no Capítulo 5 —, você terá condições de solucionar dúvidas e tomar medidas de ajuste para obter o sucesso de sua organização.

No final desta segunda parte (Capítulo 7), mostramos as fontes mais usuais de obtenção de recursos em nossa economia.

Quanto aos exercícios propostos, sua resolução encontra-se no final da obra. Ressalte-se que, ao adquirir o livro, o leitor poderá acessar, no *site* www.saraivauni.com.br, mais exercícios propostos, bem como uma planilha eletrônica e uma série de Balanços de empresas que operam no Brasil para que possa analisá-las e propor ações de melhorias para sua performance.

Os autores

Sumário

PARTE I
METODOLOGIAS DE ANÁLISE DE INVESTIMENTOS

Luiz Guilherme Brom

Parte I

METODOLOGIAS DE ANÁLISE DE INVESTIMENTOS

Luiz Guilherme Brom

Tem sido muito comum, executivos tomarem decisões sem adotar um método de análise bem definido e estruturado para solução de problemas.

De uma maneira geral, não dispõem de todas as informações necessárias e de uma estrutura de pensamento adequada, fatores que, aliados, aumentam de forma significativa a probabilidade de se cometer erros. O pior de tudo é decidir com base na "achologia", e não por meio de um método científico.

Para a solução de problemas, um método eficiente deve conter cinco etapas, a saber: (i) definir o problema; (ii) levantar alternativas para solução; (iii) selecionar a melhor alternativa; (iv) implementar a alternativa escolhida; (v) monitorar os resultados.

O capítulo de Análise de Investimentos aborda justamente os critérios que podem e devem ser utilizados para a seleção da melhor alternativa disponível, ou seja, contribuímos com as ferramentas para a solução do problema.

De várias ferramentas possíveis, abordaremos a do Valor Presente Líquido (VPL) e a Taxa Interna de Retorno (TIR), que são consideradas básicas para qualquer decisão. No entanto, não é correto imaginar que esses critérios só podem ser usados em alternativas na área financeira. Desde que se possam quantificar alternativas, podem ser usados nas áreas de produção, marketing, financeira e de recursos humanos das organizações.

Por exemplo, no departamento de marketing, pode-se elaborar um fluxo de caixa, contendo entradas e saídas dos valores respectivos à escolha da melhor forma de distribuir os produtos, pelo canal A ou pelo canal B.

No departamento de produção, pode-se escolher entre reformar uma linha de máquinas ou comprar equipamentos novos, ou se vale, ou não, a pena terceirizar determinadas etapas de fabricação. No departamento de recursos humanos, pode-se decidir entre um modelo de remuneração variável, baseado no tempo de serviço ou no grau de atingimento das metas estabelecidas, ou em como determinar a melhor forma de se estabelecer a remuneração variável.

Na contabilidade, vale, ou não, a pena terceirizar o departamento? No departamento financeiro, qual a melhor opção de aplicação ou tomada de empréstimos? Assim por diante.

Quando posto em prática, que, aliás, é nosso objetivo, o profissional tomará decisões com base científica, tendo condições de "provar" ao seu superior ou sócio o porquê daquela escolha.

Capítulo 1

O PROCESSO DE DECISÃO DE INVESTIMENTOS

1.1 O CONCEITO DE DECISÃO EMPRESARIAL

Um processo de decisão empresarial inicia-se quando uma situação qualquer apresenta um problema ou uma oportunidade que exige uma escolha entre as alternativas existentes. Se não houver alternativas, não há decisão a ser tomada. Constatada a existência de alternativas, e conhecidas as particularidades de cada uma, o passo seguinte do processo de decisão empresarial consiste na análise delas, com o apoio de métodos objetivos somados à experiência pessoal do tomador de decisões. A escolha da melhor alternativa, que, nas empresas, deve ser aquela que oferece a melhor relação entre custo e benefício (com risco aceitável), configura a tomada de decisão, a qual provocará uma ação específica. Essa ação, no decorrer de sua implantação, poderá ser alterada, revista ou até mesmo cancelada. Só não é possível, após a tomada de decisão, retornar a um momento rigorosamente igual ao momento anterior à decisão: com a mesma característica, situação e circunstância.

A decisão empresarial pressupõe o atributo da racionalidade, que significa buscar o melhor resultado, considerando todos os aspectos da realidade e de forma isenta relativamente às preferências pessoais do decisor. Ainda que deva ser perseguido, o atributo da racionalidade, em sua forma pura, é utópico: o ser humano não capta totalmente a realidade que o cerca e também não consegue desvencilhar-se totalmente de suas preferências, vontades e desejos.

Em virtude das capacidades limitadas do ser humano, a lógica do processo de decisão pode resumir-se em transformar uma situação presente em outra julgada mais satisfatória, mas não ótima. A decisão "ótima" é, ao mesmo tempo, desejável, ideal e inatingível, enquanto uma decisão satisfatória é aquela viável. A decisão satisfatória é a decisão realista, que aperfeiçoa os processos empresariais, proporcionando avanços à empresa.

Assim, uma boa decisão empresarial pode caracterizar-se por ser lógica, com o tomador de decisão baseando-se nas informações disponíveis, nas metodologias de apoio e nas suas preferências em relação ao risco. Divergências quanto à escolha da alternativa podem ser explicadas pelas diferenças que os decisores possuem concernente às suas informações de apoio, às suas expectativas de retorno e às suas preferências pessoais.

1.2 ETAPAS DO PROCESSO DE DECISÃO DE INVESTIMENTO

O processo de decisão de investimento obedece à mesma seqüência lógica que deve orientar qualquer outra decisão empresarial, tendo sempre a racionalidade como pressuposto.

Esse processo possui as seguintes etapas:

- **1ª etapa: identificação de uma necessidade ou oportunidade de investimento** — Identifica-se uma oportunidade ou uma necessidade de investimento. Por um lado, uma oportunidade de investimento caracteriza-se por aquela situação ou circunstância favorável a um investimento. Uma empresa, por exemplo, pode identificar uma oportunidade de investimento na construção de uma nova fábrica, o que poderá proporcionar-lhe expansão das vendas e dos retornos financeiros, por conseqüência. Por outro lado, problemas diversos podem exigir investimentos da empresa. Um parque com máquinas antigas e ultrapassadas, por exemplo, pode gerar a queda de qualidade dos produtos, das vendas e dos lucros — situação que se configura em uma necessidade de investimento.

Na realidade, o capital do investidor sempre representa, simultaneamente, uma necessidade e uma oportunidade de investimento: necessidade de proteger o recurso da perda do poder aquisitivo e oportunidade de aplicá-lo em uma ou mais alternativas de investimento que se apresentam.

- **2ª etapa: busca e desenvolvimento de alternativas de investimento** — A busca de alternativas de investimento deve ocorrer independentemente das preferências de investimento do investidor. Todas as alternativas ao alcance de um determinado investidor devem ser consideradas. Ao selecionar alternativas conforme sua preferência pessoal, o investidor estará decidindo de forma antecipada, e não metodológica.

  Além disso, cabe lembrar que as alternativas de investimento mudam de investidor para investidor, em virtude de variáveis como porte do capital e nível de aceitação de risco.

  Ressalte-se, ainda, que as alternativas do mercado financeiro sempre devem ser consideradas, pois normalmente atendem pequenos e grandes investimentos (renda fixa, renda variável etc.).

- **3ª etapa: análise das alternativas de investimento** — Levantadas todas as alternativas de investimento ao alcance do investidor, analisa-se, então, cada uma delas. A análise deve ser criteriosa e tecnicamente fundamentada.

  As metodologias indicarão os retornos financeiros e os riscos associados a cada alternativa — entre as metodologias de análise a serem aplicadas às alternativas de investimento, serão estudadas, ao longo desta obra, os métodos do valor presente líquido, do período de *payback* e da taxa interna de retorno.

- **4ª etapa: seleção da melhor alternativa** — A avaliação metodológica de cada alternativa indicará a melhor opção de investimento. Essa etapa representa a decisão de investimento, que será a escolha daquela alternativa cujo retorno financeiro será mais elevado, considerado o nível de risco aceitável pelo investidor.

Figura I.1 As etapas do processo de decisão de investimento

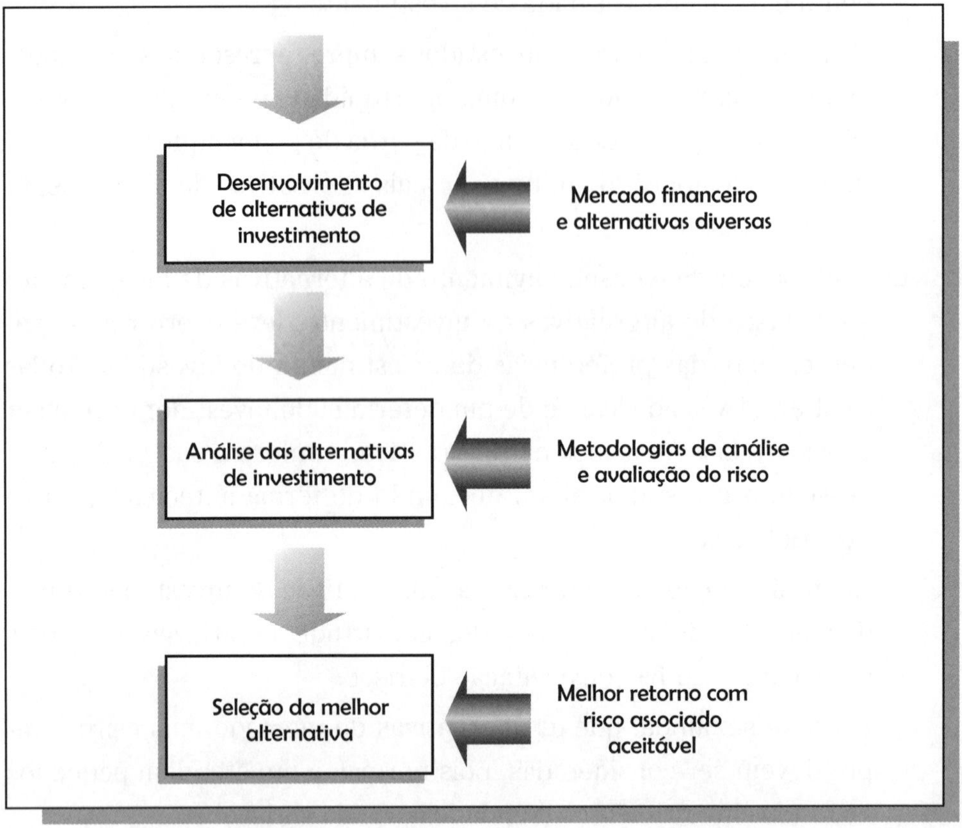

Capítulo

2

PROJEÇÕES DE RETORNO

O maior desafio da análise de investimentos refere-se à interpretação das ocorrências futuras. Um projeto de investimento típico inicia-se com desembolsos por parte do investidor, que os realiza em virtude de uma expectativa de retornos futuros. Essa é a questão crucial de um projeto de investimentos: se o desembolso do investidor é real, pois ocorre no momento presente (em regra), o retorno é apenas esperado, pois se localiza em um momento futuro.

Gráfico 2.1 Fluxo de caixa

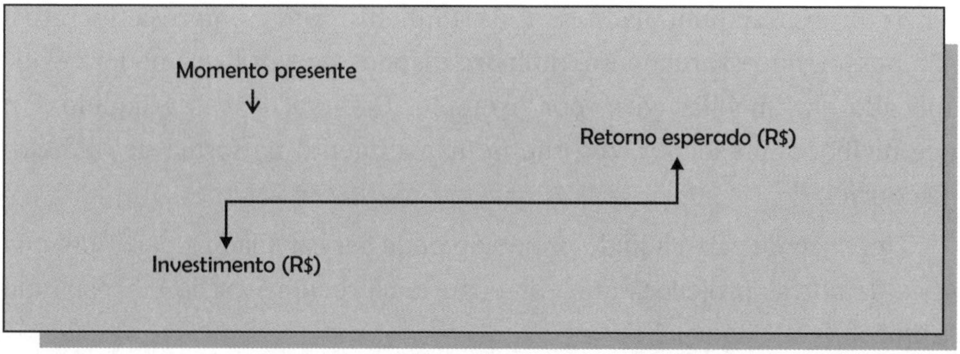

No gráfico anterior, a seta para baixo indica o desembolso realizado pelo investidor no momento presente (data zero). A seta para cima indica o reembolso ou retorno de um investimento qualquer, o qual, necessariamente, está localizado em data futura. Isso significa que o retorno nada mais é do que uma projeção. Esse raciocínio aplica-se a qualquer projeto de investimento.

Pode-se observar, então, que um projeto de investimento depende, fundamentalmente, da qualidade das projeções de retorno. Ao avaliar mal os possíveis retornos de um projeto, o investidor corre um alto risco de obter retornos indesejados, na forma de ganhos inferiores ao esperado ou mesmo na forma de graves perdas financeiras.

Seja para uma empresa industrial ou comercial, seja para uma prestadora de serviços, o ponto de partida para se chegar ao retorno previsto é dado pela expectativa de vendas ou de receita, que têm por base estudos de mercado. As vendas previstas permitem uma estimativa das necessidades de produção e estoques, as quais, por sua vez, permitirão o cálculo das necessidades de compras. É possível, então, estabelecer as projeções financeiras de patrimônio e de resultado.

Todavia, os resultados projetados (lucros previstos) ainda não se configuram como retornos de investimento. De fato, o retorno do investimento é dado pelos fluxos de caixa líquidos.

2.1 RETORNOS DE INVESTIMENTO: FLUXOS DE CAIXA LÍQUIDOS

Os investidores aplicam dinheiro em uma determinada empresa ou em um determinado projeto de investimento com a expectativa de obter retornos também na forma de dinheiro. Uma empresa lucrativa não possui, necessariamente, dinheiro disponível: seu lucro poderá estar aplicado em imobilizações, por exemplo. O fluxo de caixa líquido é o que melhor representa o retorno de investimento na forma de dinheiro disponível.

Um fluxo de caixa líquido projetado pode ser calculado a partir de uma série de outras projeções que compõem uma demonstração de resultado estimada (ver Quadro 2.1).

Quadro 2.1 Cálculo do fluxo de caixa líquido

	Receita
(–)	CPV, CMV ou CSP
(=)	Lucro bruto
(–)	Despesas operacionais
(=)	Lucro Antes de Juros e Imposto de Renda (Lajir)
(–)	Despesas financeiras
(=)	Lucro Antes de Imposto de Renda (Lair)
(–)	Imposto de Renda
(=)	**Lucro líquido (resultado do período)**
(+)	**Depreciação**
(–)	**Amortização de dívidas (pagamento de principal)**
(=)	**Fluxo de caixa líquido (do período projetado)**

Assim, soma-se ao lucro líquido a depreciação do período e subtrai-se o pagamento do principal de dívidas (amortização de dívidas). A depreciação é uma despesa dedutível que não representa saída de recursos do caixa. Já a amortização de dívidas representa uma saída de recursos do caixa, mas que não foi deduzida do lucro por tratar-se de um investimento (ativo). Somente os juros da dívida são considerados despesas.

Quando necessário, outros ajustes devem ser feitos para se calcular o fluxo de caixa líquido, como a subtração de receitas que não representam entrada de caixa ou a soma de um aumento da necessidade de se investir em capital de giro.

Vejamos o seguinte exemplo: Um investidor pretende investir R$ 1 milhão em uma nova fábrica de calçados. Após estudos de mercado e uma série de outras análises, realizou as projeções de retorno anuais para os três primeiros anos do projeto (os valores estão estimados ao final de cada ano). Vamos supor que a depreciação seja de R$ 100 mil ao ano (já embutida nas despesas operacionais), que as prestações de amortização de dívidas somem R$ 60 mil ao ano e que a alíquota do IR seja de 20%. Assim:

Tabela 2.1 Projeções de resultados

Projeções (R$)	2003	2004	2005
Receita das vendas	1.340.000	1.450.000	1.600.000
(–) Custo dos produtos vendidos	(536.000)	(580.000)	(640.000)
(=) Lucro bruto	804.000	870.000	960.000
(–) Despesas operacionais	(350.000)	(400.000)	(470.000)
(=) Lajir	454.000	470.000	490.000
(–) Despesas financeiras	(40.000)	(60.000)	(5.000)
(=) Lair	414.000	410.000	485.000
(–) IR (20%)	(82.800)	(82.000)	(97.000)
(=) Lucro líquido	331.200	328.000	388.000
(+) Depreciação	100.000	100.000	100.000
(–) Amortizações	(60.000)	(60.000)	(60.000)
(=) Fluxos de caixa líquidos	371.200	368.000	428.000

Graficamente, o projeto de investimento, nessa fábrica de calçados, seria (nos três primeiros anos):

Gráfico 2.2 Fluxo de caixa

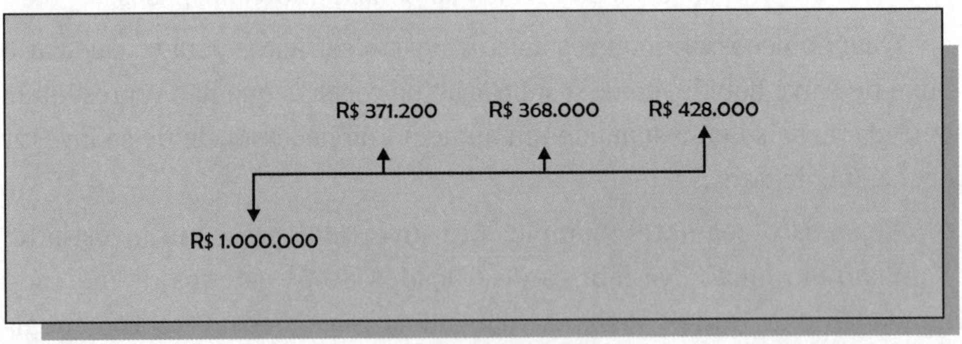

2.2 ATRIBUTOS DO RETORNO DE INVESTIMENTOS

Historicamente, o **lucro** sempre foi considerado o elemento mais importante para a avaliação do retorno financeiro de uma empresa. Todavia, ele pode apresentar uma deficiência do ponto de vista de um investidor, no aspecto de **liquidez** do investimento: não havendo suficiência de recursos disponíveis no caixa da empresa, o poder do investidor em tomar decisões sobre o lucro apurado fica limitado ou reduzido.

Assim, para que apresente atratividade perante os investidores, o lucro deve possuir atributo de caixa. Isso significa que não basta haver lucro: é preciso que haja também liquidez.

O lucro, sem dúvida, é um fator de aumento de caixa, mas não se confunde com o próprio caixa. O investidor, ao aportar seus recursos à empresa, normalmente o faz em dinheiro. Assim, cresce a tese de que o retorno de um investimento é mais bem representado por dinheiro, ou seja, pelo chamado "caixa líquido" (aquele caixa descompromissado e livre para a tomada de decisão quanto ao seu destino).

Em *Retorno de investimentos,* (KASSAI et al, 2000, p. 57), os autores argumentam que

> a decisão de se avaliar projetos de investimentos com base nos resultados de caixa, e não no lucro contábil, é devida a uma necessidade econômica, revelando (o caixa) a efetiva capacidade da empresa em remunerar o capital aplicado e reinvestir os benefícios gerados.

Outro atributo indispensável para o lucro é a criação de **valor**. Uma empresa cria valor quando a taxa de retorno de seus investimentos supera o custo de capital (próprio ou de terceiros). Dessa forma, uma empresa é valorizada pelo mercado quando os investidores dispõem-se a pagar por ela um valor superior aos seus investimentos (em virtude de uma expectativa otimista de retornos futuros).

Esse é, portanto, o moderno conceito de lucro: retorno atraente com liquidez!

O **risco**, por sua vez, que consiste na probabilidade de perda, está sempre presente na atividade empresarial. O comportamento dos investidores é fortemente determinado pelo risco: quanto mais elevado, maior é a tendência de rejeição, e vice-versa. O dilema risco/retorno é o ponto central da administração financeira: o desafio está em se obter o máximo de retorno com o menor risco possível.

Figura 2.1 Trilogia do valor

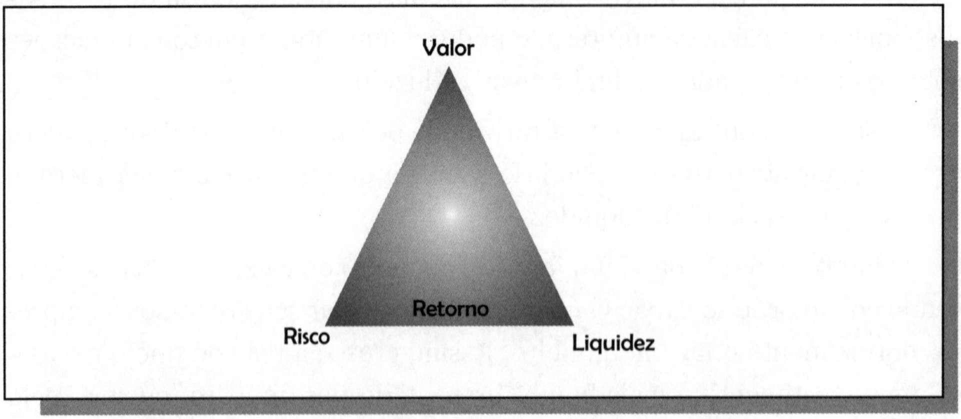

Capítulo

3

METODOLOGIAS DE ANÁLISE DE INVESTIMENTOS (ORÇAMENTO DE CAPITAL)

Análise de investimentos ou orçamento de capital referem-se a uma avaliação da viabilidade financeira dos investimentos, realizada em um contexto que envolve uma série de condições, critérios e objetivos. O termo "capital" aqui utilizado possui significado próprio, pois se refere especialmente aos investimentos de longo prazo (ativos de longo prazo). "Orçar", por sua vez, nada mais é que planejar ou projetar uma série de eventos financeiros futuros. Orçamento de capital consiste, portanto, na análise de um projeto de investimento, com todas as ocorrências futuras previstas.

Ross, Westfield e Jaffe (1995) questionam: qual a função do mercado financeiro perante as empresas? Para eles, sua função é:

1 **AJUSTAR** ou atender as necessidades intertemporais das empresas, por meio da concessão e da tomada de empréstimos;

2 **TESTAR** ou validar a tomada de decisão de investimento nas empresas.

3.1 PRIMEIRO MÉTODO DE ORÇAMENTO DE CAPITAL: VALOR PRESENTE LÍQUIDO (VPL)

A **questão central** a ser respondida é: qual o **ganho extraordinário** que um determinado projeto de investimento proporciona, **além** do retorno mínimo exigido pelo investidor? Resposta em R$ no valor presente.

Essa técnica de análise procura avaliar, em valor atual, todos os fluxos de caixa pertinentes a um determinado projeto de investimento. Ou seja, contrapõe, sempre em valor presente, os desembolsos que o investidor deverá realizar aos retornos que ele terá na forma de fluxos de caixa líquidos.

Todos os valores são trazidos à data presente por meio de uma taxa de desconto específica, também conhecida como **taxa de atratividade**.

O Valor Presente Líquido (VPL), também denominado **método de avaliação de fluxos de caixa descontados**, proporciona uma comparação entre o valor do investimento e o valor dos retornos esperados (na forma de fluxo de caixa líquido) com todos os valores considerados no momento atual.

É importante observar que toda análise de investimento é realizada do **ponto de vista de um investidor**, ou seja, daquele que desembolsa recursos com a expectativa de obter retornos futuros.

Gráfico 3.1 Fluxo de caixa

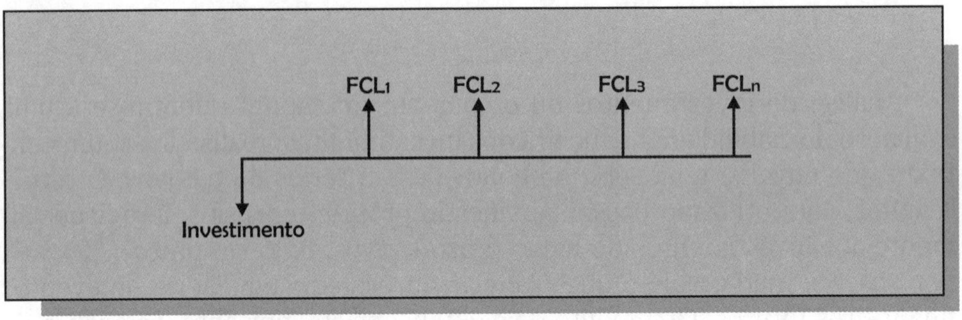

$$VPL = -I_0 + \frac{FCL_1}{(1+i)} + \frac{FCL_2}{(1+i)^2} + \frac{FCL_3}{(1+i)^3} + \frac{FCL_n}{(1+i)^n}$$

Em que: I_0 = Investimento a ser realizado — portanto, uma saída de caixa para o investidor.

FCL = Fluxos de caixa líquidos, esperados como retorno do investimento — portanto, uma entrada de caixa para o investidor.

i = Taxa de desconto ou de atratividade, a qual permite trazer o FCL a valor presente.

TAXA DE ATRATIVIDADE OU TAXA DE DESCONTO

Trata-se de uma taxa de retorno minimamente requerida pelo investidor, ou seja, de um retorno mínimo aceitável pelo investidor. Isso significa que, se o investimento remunerar abaixo dessa taxa mínima, ele se torna inaceitável para o investidor.

A taxa de atratividade pode ser definida como o custo de capital (próprio) da empresa, que é a expectativa mínima de remuneração dos investidores.

No caso da metodologia do VPL, e em algumas outras metodologias, a taxa de atratividade representa o principal parâmetro para a avaliação, o qual pode ser obtido perante o mercado financeiro ou qualquer outra alternativa de investimento à disposição do investidor. Nesse sentido, a taxa de atratividade configura-se também no "custo de oportunidade" do investidor.

A taxa de atratividade deve incluir o *spread*, que é a taxa adicional de risco, a qual varia, de um lado, conforme as características conjunturais (risco sistemático), e, de outro, conforme os aspectos setoriais e específicos de cada projeto de investimento (risco não sistemático). A taxa de atratividade, portanto, reflete a relação entre retorno, risco e liquidez imposta pelo investidor.

REGRA DE DECISÃO BÁSICA PELO MÉTODO VPL

(para a análise de projetos independentes e que apresentem retornos claramente identificados)

Se VPL > 0, aceita-se o projeto de investimento, pois os retornos oferecidos cobrirão o capital investido, o retorno mínimo exigido e ainda oferecerão um ganho líquido extraordinário ao investidor.

Se VPL = 0, o projeto de investimento apresenta-se **indiferente**, pois seu retorno apenas cobrirá o capital investido e o retorno mínimo exigido pelo investidor, não oferecendo qualquer vantagem ou ganho além disso.

Se VPL < 0, **rejeita-se** o projeto de investimento, pois os retornos oferecidos não cobrirão o capital investido acrescido do retorno mínimo exigido pelo investidor.

3.1.1 Considerações Importantes sobre a Regra de Decisão do VPL

1. Conforme já dito anteriormente, o sucesso de qualquer avaliação de eventos futuros (retornos esperados, por exemplo) depende fundamentalmente da **qualidade das projeções futuras**. Efetuar projeções de boa qualidade é, com certeza, uma tarefa muito mais complexa e difícil do que a simples aplicação de um modelo matemático de avaliação de investimentos.

   Durante um projeto de investimento, fatos e eventos aleatórios, não previstos anteriormente, podem tornar inválida a decisão de investimento tomada no início. Assim, em qualquer projeto, a reavaliação constante da decisão de investimento torna-se indispensável. Tais reavaliações podem levar a um aumento do investimento, em virtude de um cenário real melhor do que o previsto inicialmente, à redução do investimento, em virtude de um cenário real pessimista e não previsto anteriormente, ou até mesmo à desativação completa do projeto.

2. A regra de decisão anteriormente apresentada é válida para projetos **independentes** ou análise de projetos isolados. Freqüentemente, todavia, enfrenta-se a situação em que se é obrigado a escolher apenas um entre dois ou mais projetos à disposição do investidor — ou seja, escolhido um projeto, o outro é automaticamente rejeitado. Assim, no caso de projetos **mutuamente exclusivos**, pela regra de decisão do VPL, escolhe-se aquele que apresentar VPL mais elevado (desde que positivo).
3. Com freqüência, há situações em que o **retorno do investimento não é explicitado**. Por exemplo: aquisição de um equipamento de pequeno porte e valor, cujos benefícios na forma de fluxos de caixa são de difícil apuração. Nesse caso, avalia-se apenas, entre as diversas alternativas à disposição, aquela que apresentar menor preço de aquisição, em valor presente (basta calcular o "valor presente" do investimento).
4. Na análise de **substituição de equipamentos**, devem ser consideradas as informações sobre o valor de mercado do equipamento usado (a ser substituído), sobre despesas e receitas incrementais (proporcionadas pelo novo equipamento), bem como as conseqüências fiscais dessas alterações. Deve-se considerar, ainda, entre outras informações, o valor de mercado do equipamento a ser adquirido ao final de sua vida útil (ou seja, o valor futuro de revenda, ao final de sua vida útil, do equipamento que está sendo adquirido).

EXEMPLO 1:

Uma empresa está avaliando a viabilidade de investir R$ 10.000 em uma nova fábrica. Acredita-se que essa nova planta proporcionará retornos líquidos anuais de R$ 1.500, R$ 1.500, R$ 2.000, R$ 4.000 e R$ 4.000, respectivamente, ao final de cada um dos próximos cinco anos. Sabendo-se que a taxa de atratividade exigida pelo investidor é de 5% ao ano, verificar se esse projeto é válido pelo método do VPL.

Resolução:

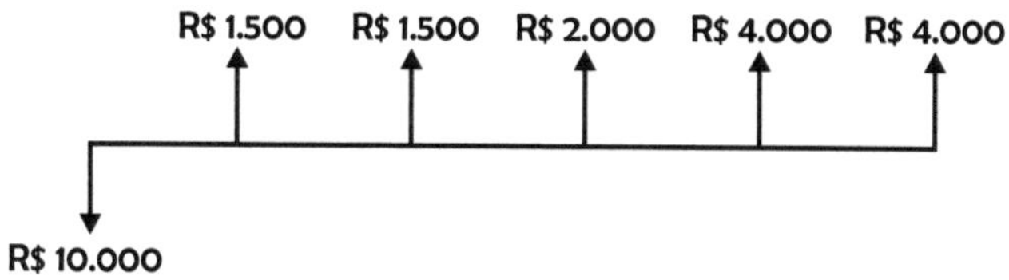

$$VPL = -10.000 + 1.500/(1,05) + 1.500/(1,05)^2 + 2.000/(1,05)^3 + 4.000/(1,05)^4 + 4.000/(1,05)^5$$

$$VPL = R\$\ 941,71$$

Sendo: VPL > 0, **aceita-se** o projeto de investimento.

EXEMPLO 2:

Uma empresa está sendo vendida por R$ 18.000. Espera-se que essa empresa ofereça um fluxo de caixa de R$ 3.000 ao final do primeiro ano e de mais R$ 3.000 ao final do segundo ano. Além disso, ela poderá ser revendida por R$ 15.000 ao final do terceiro ano. Sabendo-se que o mercado financeiro remunera o seu dinheiro a 11% ao ano, taxa que você gostaria de utilizar como parâmetro de avaliação, vale a pena adquirir essa empresa?

Resolução:

$$\text{VP dos retornos esperados} = 3.000/(1,11) + 3.000/(1,11)^2 + 15.000/(1,11)^3 = R\$\ 16.099,32$$

$$VPL = -18.000 + 16.099,32$$

$$VPL = R\$ -1.900,68$$

Sendo: VPL < 0, **rejeita-se** o projeto de investimento.

Uma contra-oferta de R$ 15.000:

$$VPL = -15.000 + 16.099,32$$

$$VPL = R\$ + 1.099,68$$

Sendo: VPL > 0, a contra-proposta é interessante para o comprador (investidor).

ANUIDADE CONSTANTE OU SÉRIE UNIFORME

Exemplo:

Uma empresa está à venda por R$ 70.000. Ela deverá oferecer um retorno de R$ 30.000 ao ano, durante três anos, e ao final de cada ano. Considerando-se uma taxa de desconto anual de 10%, vale a pena adquiri-la?

Resolução:

Fluxos de caixa = (– 70, 30, 30, 30)

$VPL = -I + A[1/i - 1/i(1+i)^n]$

Em que A é o valor da anuidade (parcela, retorno, prestação etc.).

$VPL = -70.000 + 30.000[1/(0,10) - 1/(0,10)(1,1)^3]$

$VPL = -70.000 + 30.000[10 - 7,51]$

$VPL = -70.000 + 74.700$

VPL = R$ 4.700

Como VPL é positivo, **aceita-se** o projeto de investimento.

PERPETUIDADE CONSTANTE

Perpetuidade refere-se àquele investimento cujo vencimento ou data de resgate do principal são indefinidos. Em uma perpetuidade qualquer, em que não haja previsão de crescimento dos retornos:

$$VP = R/i$$

Em que R representa o retorno do investimento ou fluxo de caixa daqui a um período, e não na data zero.

Exemplo:

Você fez um plano privado de aposentadoria. Você acabou de pagar a última prestação, e, portanto, terá direito a receber R$ 900,00 mensais, começando daqui a um mês. A empresa de previdência privada oferece a você a alternativa de receber R$ 80.000,00 imediatamente, em uma única vez. Sabendo-se que o mercado financeiro oferece uma remuneração mensal de 1,2% para aplicações, vale a pena aceitar a oferta da empresa de previdência?

Resolução:

$VPL = -900/0,012 + 80.000$

VPL = R$ 5.000

Como VPL é positivo, **aceita-se** a oferta da empresa de previdência.

PERPETUIDADE CRESCENTE
(Fórmula de Gordon)

Nesse caso, os retornos sofrem aumentos periódicos, a uma determinada taxa constante g:

$$VP = R/(i - g)$$

Exemplo:

Uma empresa paga anualmente dividendos de R$ 0,18 por ação, de forma indeterminada ao longo do tempo, e oferece aumentos anuais constantes de 3% para esses dividendos. Se a taxa mínima de retorno exigida pelo investidor é de 15% ao ano, qual seria o valor presente estimado dessa ação?

Resolução:

VPL = R$ 0,18/(0,15 – 0,03)

VPL = R$ 1,50

EXEMPLO 3:

Uma empresa tem duas alternativas para a aquisição de um equipamento. Considerando-se uma taxa de desconto de 10% ao ano, qual dos equipamentos deve ser adquirido?

	Equipamento A	Equipamento B
Preço de compra	200.000	300.000
Custo anual de manutenção (end)	15.000	25.000
Valor residual	18.000	40.000
Vida útil (anos)	5	5

Equipamento A:

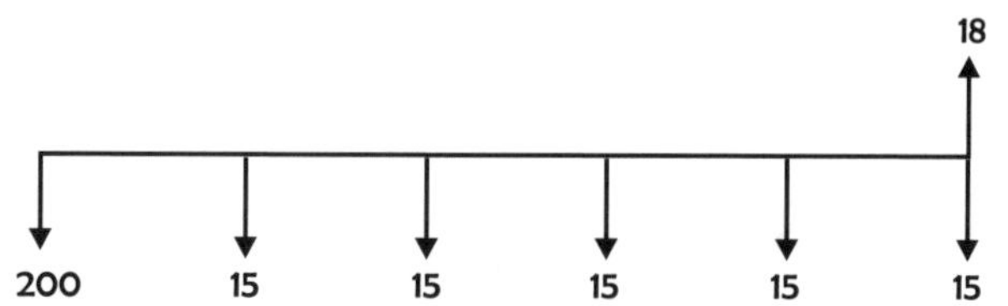

$$VPL = -200.000 - 15.000\,[1/(0,1) - 1/(0,1)\,(1,1)^4] + 3.000/(1,1)^5$$

$$VPL = -245.685,22$$

Equipamento B:

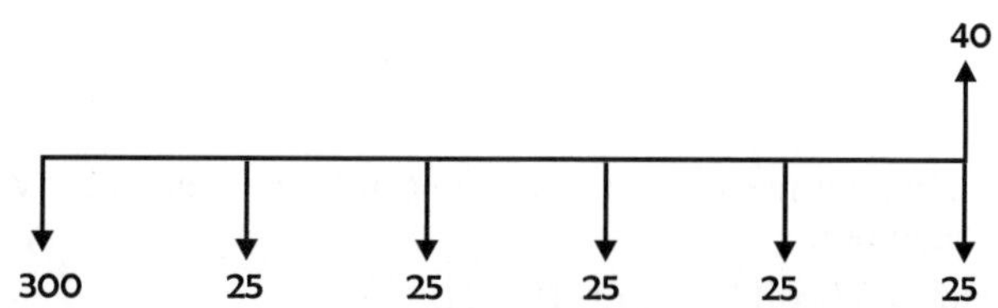

$$VPL = -300.000 - 25.000\,[1/(0,1) - 1/(0,1)\,(1,1)^4] + 15.000/(1,1)^5$$

$$VPL = -369.932,82$$

O equipamento A representa a melhor alternativa, pois é a mais barata!

3.1.2 Valor Presente Líquido Anualizado

O VPL anualizado representa um VPL periódico, contrariamente ao VPL normal, que representa um valor para todo o projeto. Assim, o VPL periódico representa um valor médio periódico (anual, mensal etc.) dos fluxos de caixa líquidos de um dado projeto.

EXEMPLO 4:

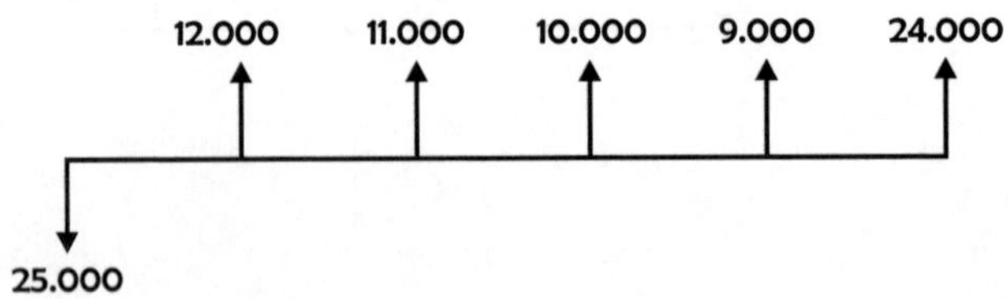

Taxa de atratividade de 15% ao ano.

VP (FC +) = R$ 42.405,55

PMT = R$ 12.650,24*

VP (FC –) = R$ 25.000,00

PMT = R$ 7.457,89*

VPL anualizado = R$ 12.650,24 – R$ 7.457,89 = 5.192,35

A rentabilidade média anual líquida de caixa é de R$ 5.192,35 (em valor atual).

---

* Conceito do Sistema Francês de Amortização (ou *Price*), em que o valor da prestação ou anuidade é dado por:

Valor da anuidade = VP x $[(1+i)^n \, i/(1+i)^n - 1]$

3.2 SEGUNDO MÉTODO DE ORÇAMENTO DE CAPITAL: PERÍODO DE *PAYBACK*

A **questão central** a ser respondida é: em quanto **tempo** um determinado projeto de investimento se paga? Resposta em períodos de tempo (anos, meses, dias etc.).

Esse método apura, portanto, o tempo necessário para que um determinado investimento seja recuperado ou, ainda, para que retorne ao investidor.

3.2.1 *Payback* Simples

Refere-se ao tempo necessário para que o investidor recupere seu capital principal investido.

EXEMPLO 1:

Projeto A: (– 1.000, 500, 400, 300, 100)

Projeto B: (– 1.000, 100, 300, 400, 600)

Data	Projeto A		Projeto B	
	Retornos	Saldo do investimento	Retornos	Saldo do investimento
0		– 1.000		– 1.000
1	500	– 500	100	– 900
2	400	– 100	300	– 600
3	300	0	400	– 200
4	100		600	0

Fonte: WESTON, Fred; BRIGHAM, E. F. *Fundamentos da administração financeira*. 10. ed. São Paulo: Makron Books, 2000.

Projeto A = 2 anos + 100/300 = 2,33 anos

Projeto B = 3 anos + 200/600 = 3,33 anos

3.2.2 *Payback* Descontado

Refere-se ao tempo necessário para que o projeto recupere o investimento realizado mais o retorno mínimo exigido pelo investidor (investimentos e retornos são considerados em valor presente). No exemplo anterior, considerando-se uma taxa de atratividade de 10% ao ano, teremos:

Data	Projeto A		Projeto B	
	Retornos	Saldo do investimento	Retornos	Saldo do investimento
0		– 1.000		– 1.000
1	455	– 545	91	– 909
2	331	– 214	248	– 661
3	225	0	301	– 360
4	68		410	0

Projeto A = 2 anos + 214/225 = 2,95 anos

Projeto B = 3 anos + 360/410 = 3,88 anos

3.2.3 *Payback* Total (*Duration*)

Ao contrário do *payback* descontado, que não considera os fluxos de caixa posteriores à data de recuperação do investimento, o *payback* total considera todos os retornos do projeto, procurando exprimir um prazo de equilíbrio ao longo de todo o projeto.

Duration = (VP investimentos/VP retornos) x número de anos

No exemplo anterior:

Duration do projeto A = (R$ 1.000/R$ 1.079,00) x quatro anos = 3,71 anos

Duration do projeto B = (R$ 1.000/R$ 1.050,00) x quatro anos = 3,81 anos

3.2.4 *Payback* TIR (Taxa Interna de Retorno)

O pressuposto básico do *payback* TIR é que a taxa interna de retorno é uma taxa média de juros, e que o prazo de recuperação do principal ocorrerá quando o investidor "dobrar" seu capital.

EXEMPLO 2:

A caderneta de poupança remunera a uma taxa efetiva anual de 6,17%. Em quanto tempo o investidor "dobrará" seu capital investido?

Resolução:

$VF = VP\,(1 + i)^n$

Em que: VP = 1

VF = 2 (dobro do capital investido)

i = TIR

n = *Payback* TIR

Então: $2 = 1\ (1 + \text{TIR})^n$

Solucionando por meio de logaritmo neperiano (LN):

$2 = (1 + \text{TIR})^{\textit{Payback}\ \text{TIR}}$

LN (2) = *Payback* TIR x LN (1 + TIR)

Payback TIR = LN (2) / LN (1 + TIR)

Payback TIR = 0,6931/LN (1,0617) = 11,58 anos

Portanto, para se dobrar o capital inicial aplicado, são necessários 11,58 anos de investimento na caderneta de poupança.

Qual a Regra de Decisão pela Metodologia do Período de Payback*?*

Nesse método, parte-se do princípio de que o investidor não aceita um retorno mais longo do que um certo limite de tempo por ele estabelecido — ou seja, há um tempo máximo aceitável de retorno para o seu investimento. Esse "tempo máximo" não é estabelecido a partir de nenhum critério geral ou técnico, sendo, portanto, um parâmetro arbitrário gerado pelo investidor.

No caso de dois projetos **mutuamente excludentes**, obviamente a escolha deverá recair sobre aquele que apresentar menor tempo de retorno, caso este atenda ao "tempo de retorno máximo aceitável pelo investidor".

REGRA DE DECISÃO DO MÉTODO DE PERÍODO DE *PAYBACK*

Se o investimento pagar-se dentro do período de tempo estabelecido pelo investidor, **aceita-se** o projeto de investimento.

Se o investimento não se pagar dentro do período de tempo estabelecido pelo investidor, **rejeita-se** o projeto de investimento.

Deficiências da Metodologia do Payback

- ❑ Os fluxos de caixa posteriores ao período de recuperação não são considerados, o que pode distorcer a decisão e prejudicar o investidor.

- O limite de tempo aceitável é estabelecido de forma arbitrária e subjetiva. Não há como verificar a validade desse parâmetro.

Aplicações da Metodologia do Payback

- O método de *payback* é freqüentemente utilizado para decisões de investimento pouco importantes, pois trata-se de uma metodologia simples e rápida: aquisição de pequenas máquinas, reformas, pequenas construções etc.
- Como metodologia auxiliar na avaliação de grandes projetos, o *payback*, além de indicar o tempo de vinculação dos recursos a um dado projeto, apresenta, também, indicador auxiliar para liquidez e risco: quanto mais curto o *payback*, menor o risco e maior a liquidez do projeto — e vice-versa.

3.3 TERCEIRO MÉTODO DE ORÇAMENTO DE CAPITAL: TAXA INTERNA DE RETORNO (TIR)

A **questão central** a ser respondida é: que taxa de retorno oferece um determinado projeto de investimento? Resposta em taxa média de retorno por período de tempo.

A taxa interna de retorno representa a taxa média periódica de retorno de um projeto suficiente para repor, de forma integral e exata, o investimento realizado.

Ressalte-se que a taxa média periódica de retorno representa a **medida de rentabilidade** de um determinado projeto de investimento.

O cálculo da TIR **independe** de qualquer informação externa ao próprio fluxo de caixa do projeto de investimento. Assim, a TIR iguala as saídas e as entradas de um projeto de investimento, produzindo, conseqüentemente, um **VPL igual a zero.**

$$\text{ZERO} = -\text{Io} + \text{FCL1}/(1 + \text{TIR}) + \text{FCL2}/(1 + \text{TIR})^2 + \text{FCL3}(1 + \text{TIR})^3 + \ldots + \text{FCLn}/(1 + \text{TIR})^n$$

Por tratar-se de uma função polinomial de grau n, não há caminho de resolução convencional. Pode-se, por exemplo, chegar-se à TIR por uma abordagem de "tentativa e erro". Mais aconselhável, entretanto, para se evitar perda de tempo, é utilizar uma calculadora ou *software* financeiro.

EXEMPLO 1:

Uma empresa analisa um projeto de investimento de R$ 1.000, com retornos anuais previstos, ao final de cada ano, de R$ 220, R$ 605 e R$ 399,30. Qual a TIR desse projeto?

Resolução:

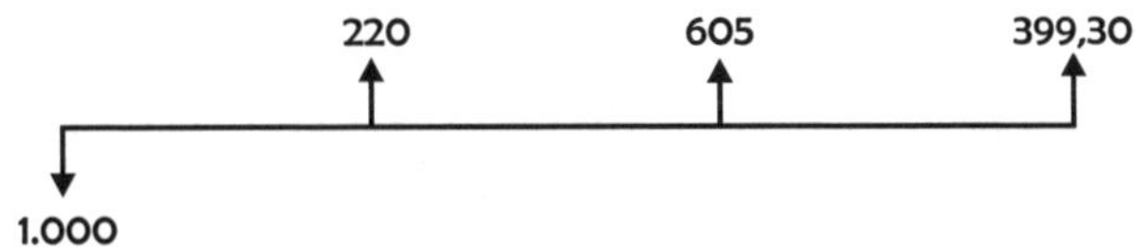

$$\text{Zero} = -1.000 + 220/(1 + \text{TIR}) + 605/(1 + \text{TIR})^2 + 399{,}30/(1 + \text{TIR})^3$$

$$\text{Zero} = -1.000 + 220/(1{,}10) + 605/(1{,}10)^2 + 399{,}30/(1{,}10)^3$$

A TIR desse projeto é, portanto, de 10% ao ano. Note-se que o VPL desse projeto, descontado a uma taxa de atratividade de 10% ao ano, é igual a zero!!!

REGRA DE DECISÃO BÁSICA DA TIR

Se a TIR for **maior** que a taxa de atratividade, **aceita-se** o projeto de investimento.

Se a TIR for **menor** que a taxa de atratividade, **rejeita-se** o projeto.

Se a TIR for **igual** à taxa de atratividade, o VPL será zero (**indiferente**).

EXEMPLO 2:

Uma empresa pretende adquirir um equipamento por R$ 300.000. Com esse novo equipamento, espera os seguintes retornos anuais, ao final de cada ano: R$ 110.000, R$ 121.000 e 133.100. Observe os casos a seguir:

TIR = 10% ao ano, pois $0 = -300.000 + 110.000/(1{,}1) + 121.000/(1{,}1)^2 + 133.100/(1{,}1)^3$

Se a empresa adotar uma taxa de desconto:

Igual à TIR, de 10%, o VPL será: $-\ 300.000 + 100.000 + 100.000 + 100.000 = 0$ (**indiferente**).

Menor que a TIR, de 5%, o VPL será: – 300.000 + 329.489,26 = 29.489,26 (positivo, **aceita-se**).

Maior que a TIR, de 15%, o VPL será: – 300.000 + 274.660,97 = – 25.339,03 (negativo, **rejeita-se**).

Maior que a TIR, de 0%, o VPL será : – 300.000 + 364.100 = 64.100,00 (positivo, **aceita-se**).

EXEMPLO 3:

Considere-se o seguinte fluxo de caixa: (– 200, 120, 144). Qual a TIR desse investimento de R$ 200? (considere TIR = 20%)

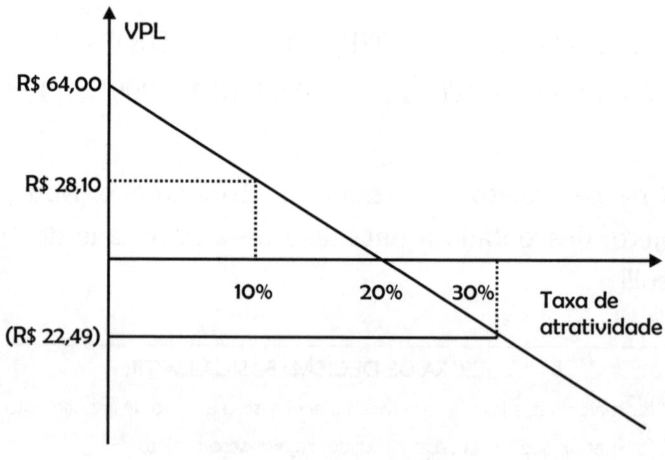

Se a taxa de atratividade for zero, VPL = R$ 64,00

Se a taxa de atratividade for 20%, VPL = R$ 0

Se a taxa de atratividade for 10%, VPL = R$ 28,10

Se a taxa de atratividade for 30%, VPL = R$ – 22,49

3.3.1 O Pressuposto do Reinvestimento pela Própria TIR

A metodologia da TIR pressupõe que todos os valores alteram-se ao longo do tempo pela própria taxa interna de retorno — ou seja, os investimentos são financiados pela TIR e os retornos são reinvestidos pela própria TIR.

Assim, considerando-se os fluxos de caixa do exemplo 1, e levando-se todos eles para o final do terceiro ano, exceto o investimento, teremos:

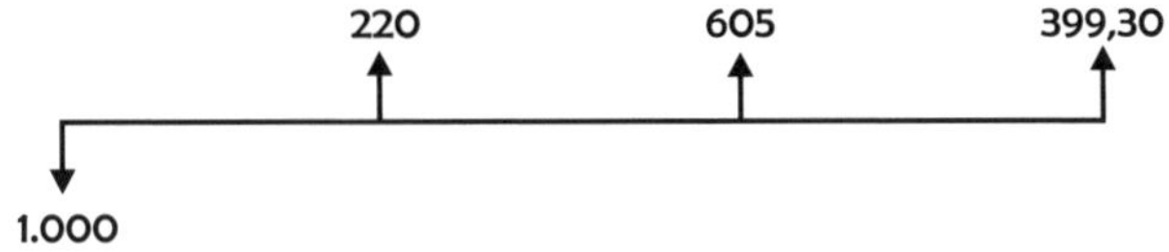

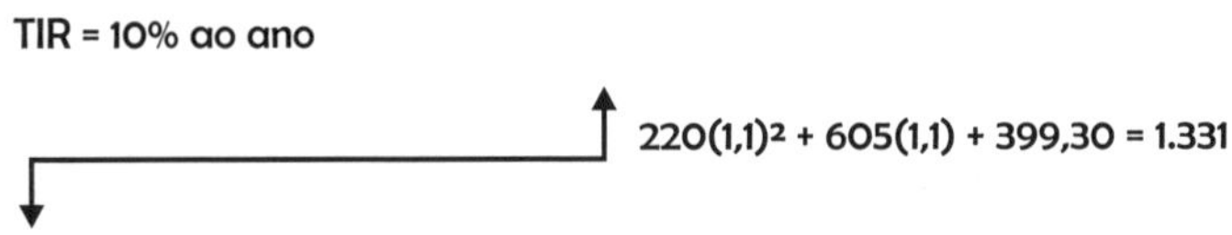

$VF = VP\ (1 + i)^n$

$1.331,00 = 1.000\ (1,10)^3$

Portanto, TIR = 10% ao ano.

Esse pressuposto, na verdade, é **uma deficiência da TIR**, pois o normal seria que os reinvestimentos dos caixas gerados pelo projeto fossem realizados pela taxa de atratividade, bem como que os investimentos a prazo fossem financiados pelas taxas normais de financiamento de mercado.

3.3.2 O Problema das TIRs Múltiplas

Quando um projeto de investimento apresenta, em sua série de fluxos de caixa, mais de uma inversão de sinais, pode ocorrer o seguinte:

- Pode-se deparar com uma ou mais TIRs: podem ocorrer tantas TIRs quantas forem as trocas de sinais, e elas podem ser positivas e/ou negativas. Assim, em um fluxo de caixa no qual haja três inversões de sinais, poderá haver uma ou três TIRs.
- Pode-se deparar com uma única TIR.
- Pode inexistir solução.

EXEMPLO 4:

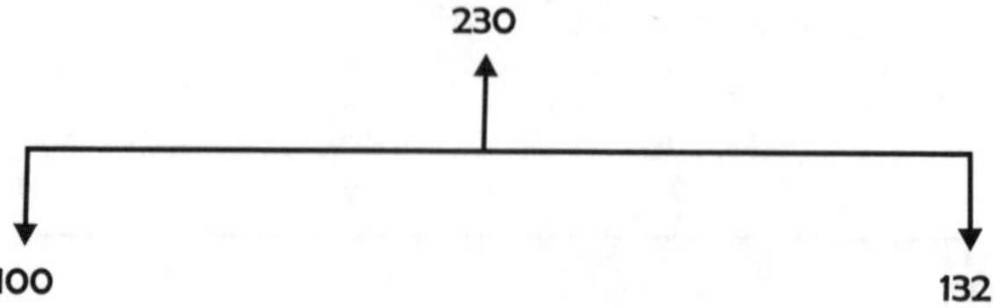

Apesar do significado matemático, múltiplas TIRs, para efeito de análise de investimento, podem não ter significado algum.

Múltiplas TIRs, de fato, constituem-se em mais uma **deficiência da TIR** — deficiência que inexiste no VPL.

3.3.3 TIR Modificada (TIR-M)

A TIR, como se pôde verificar, exige cuidados especiais em sua interpretação, pois apresenta deficiências que podem induzir ao erro. Daí a preferência acadêmica pelo VPL, por ser tecnicamente mais correto.

Uma proposta para se eliminar simultaneamente o problema do pressuposto de reinvestimento pela própria TIR e o problema das TIRs múltiplas é justamente a metodologia da TIR modificada.

Na TIR modificada, propõe-se que os caixas gerados pelo projeto sejam reinvestidos pela taxa de atratividade e que as saídas (desembolsos), quando forem financiadas, sejam reinvestidos pela taxa de juros de mercado de financiamento.

EXEMPLO 5:

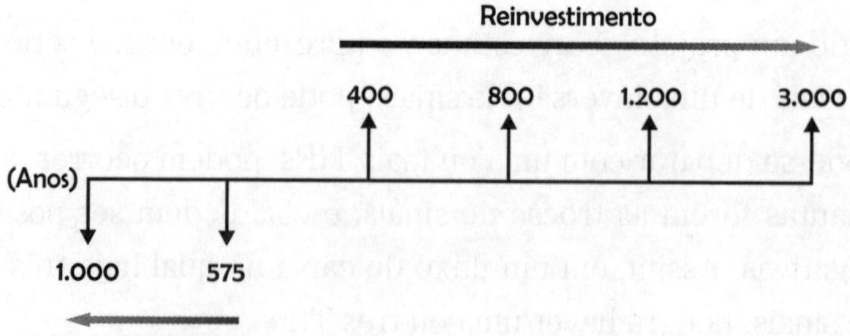

TIR (pura) = 38,75% ao ano

Mas, admitindo-se que a taxa de atratividade da empresa seja de 10% ao ano — ou seja, que ela consiga reinvestir seus ganhos a essa taxa —, e que a taxa de financiamento de mercado seja de 15% ao ano, teremos:

VP (Investimentos financiados) = $1.000 + 575/(1{,}15) = 1.500$

VF (Reinvestimentos de caixa) = $400(1{,}10)^3 + 800(1{,}10)^2 + 1.200(1{,}10) + 3.000 = 5.820{,}40$

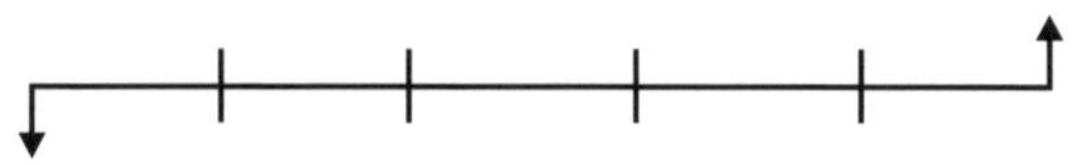

$VF = VP\ (1 + TIRM)^n$

$5.820{,}40 = 1.500\ (1 + TIRM)^5$

TIRM = 31,15% ao ano

3.4 VPL X TIR: A TAXA DE CRUZAMENTO (INTERSECÇÃO DE FISCHER)

Se dois projetos são **independentes**, os critérios do VPL e da TIR sempre levam à mesma conclusão: se o projeto é aceito pelo VPL, também o será pela TIR.

No entanto, quando os projetos são **mutuamente excludentes**, respostas diferentes poderão ser obtidas em cada critério, dependendo da taxa de atratividade, da escala dos projetos e da distribuição dos retornos de cada projeto (maturação do projeto).

EXEMPLO 6:

Projeto A = (– 1.000, 500, 400, 300, 100) TIR = 14,5%

Projeto B = (– 1.000, 100, 300, 400, 600) TIR = 11,8%

Se a taxa de atratividade for:	O VPL de A será:	O VPL de B será:
0	300	400
5%	180,42	206,50
10%	78,82	49,18
15%	– 8,33	– 80,14

Observe-se que, com uma taxa de atratividade acima de 7,2%, o projeto A passa a ser mais interessante do que o projeto B. Ou seja, acima da taxa de cruzamento (TC = 7,2%), a decisão de escolha entre dois projetos mutuamente excludentes altera-se. A taxa de cruzamento ou Intersecção de Fischer representa a TIR da diferença entre os fluxos de caixa de cada projeto.

O impacto do aumento da taxa de atratividade é muito maior nos fluxos de caixa distantes do que nos de curto prazo. Daí a maior sensibilidade do projeto B ante o aumento da taxa de atratividade.

A taxa de intersecção pode ser calculada pela TIR da diferença dos fluxos de caixa dos dois projetos:

	Investimento	FCL1	FCL2	FCL3	FCL4
Projeto A	(1.000)	500	400	300	100
Projeto B	(1.000)	100	300	400	600
Diferença	0	400	100	(100)	(500)
TIR			**7,2%**		

No exemplo dado, quando a taxa de atratividade for inferior à taxa de cruzamento, ocorre um conflito:

- O VPL indica o projeto B como o melhor.
- A TIR indica o projeto A como o melhor (14,5%).

Esse conflito ocorre basicamente quando:

- Há diferenças de tamanho ou de escala entre projetos mutuamente excludentes, com investimento maior em um projeto do que em outro.
- Há diferenças de *timing* entre os fluxos de caixa, ou seja, um projeto tem seus retornos concentrados a curto prazo e o outro os tem concentrados a longo prazo.

Para a solução desse conflito, recomenda-se sempre o VPL, pois é tecnicamente mais correto, cuja "taxa de reinvestimento" implícita é a própria taxa de atratividade do investidor.

Capítulo

4

ANÁLISE DE SENSIBILIDADE E RISCO

4.1 A RELAÇÃO ENTRE RISCO E RETORNO

As decisões empresariais de qualquer natureza carregam elementos de risco, certeza e incerteza. Considerando-se que essas decisões voltam-se invariavelmente para o futuro, as interpretações que os tomadores de decisão realizam dos cenários futuros fazem a diferença entre o sucesso e o fracasso. Esta é, aliás, uma questão central: o ser humano "interpreta" a realidade e não a capta de forma plena, podendo incorrer em erros e ilusões no estudo, por maior que seja o esforço de isenção e a imparcialidade científica.

Ao classificar elementos de situações futuras como "certos" e "incertos", o ser humano já está interpretando. Assim, a perfeição matemática dos modelos quantitativos, amplamente utilizados em finanças, não deve ser confundida com precisão de interpretação e compreensão da realidade. No mercado financeiro, muitos são os exemplos de operações consideradas de baixíssimo risco que acarretaram graves prejuízos.

Considerada essa limitação da capacidade humana, o risco, na teoria de finanças, é aferido naquela situação em que, diante de vários resultados possíveis e conseqüentes de uma decisão financeira, as probabilidades de cada um acontecer são conhecidas. Mais exatamente, o risco define-se quando as probabilidades de fracasso ou possibilidades de perdas podem ser previamente determinadas.

A incerteza configura-se pela total incapacidade de se atribuir aos eventos futuros qualquer probabilidade de sucesso ou de fracasso decorrentes de uma decisão. O risco conceitua-se, portanto, pela incerteza, que pode, de algum modo, ser quantificável ou mensurável.

A probabilidade de ocorrência de um determinado fracasso, que define o risco, é estabelecida por parâmetros objetivos e subjetivos. Os critérios objetivos são representados pela observação do comportamento histórico de ocorrências de mesma natureza; os critérios subjetivos baseiam-se no conhecimento e na intuição profissional do tomador de decisões.

Na teoria de finanças, o risco é normalmente estabelecido pela medida estatística do desvio-padrão. Assim, em uma decisão de investimento, por exemplo, o risco é calculado pela dispersão dos diversos resultados possíveis em relação ao resultado esperado pelo investidor. Quanto mais elevado o desvio-padrão, menos representativo é o resultado esperado e, geralmente, maior é o risco.

O retorno, por sua vez, configura-se no resultado decorrente de um investimento, podendo ser na forma de ganho ou de perda. O retorno esperado de um determinado investimento pode ser dado pela média dos vários resultados possíveis, ponderada pela probabilidade de ocorrência de cada um desses retornos.

A relação risco/retorno representa o maior desafio de administração financeira: como obter o máximo de retorno com o mínimo risco? Risco e retorno caracterizam-se, portanto, por uma relação conflitante.

A reação dos investidores perante o risco é variável, com alguns aceitando maior risco e outros, não. O variado grau de aversão ao risco dos investidores é o que distingue os mais conservadores (que rejeitam riscos elevados) dos mais agressivos (que aceitam riscos mais elevados).

4.2 TIPOS DE RISCO

O risco assumido na tomada de decisão empresarial pode ser dividido em dois tipos:

1. **Risco não sistemático ou risco diversificável** — Trata-se do risco específico ou próprio de um projeto de investimentos, de uma empresa ou de um indivíduo, fruto de suas deficiências e fraquezas. Erros de administração ou de decisão empresarial podem levar uma empresa a um estado de insolvência. Baixa produtividade, uma linha de produtos mal desenvolvida e ameaças da concorrência podem ser elementos de risco para uma empresa específica. No âmbito das pessoas físicas, o risco próprio pode concentrar-se, por exemplo, nas deficiências profissionais e na probabilidade de, em virtude disso, vir a perder seu rendimento ou seu emprego. Relativamente a uma carteira de investimentos, esse tipo de risco é passível de redução pela diversificação desses investimentos.
2. **Risco sistemático** — Trata-se do risco trazido por eventos macroeconômicos, sociais e políticos, ao qual se sujeitam, indistintamente, todas as pessoas físicas e jurídicas. São eventos que podem representar grande ameaça, mas cujas ocorrências independem da vontade ou da ação de uma pessoa ou de uma empresa. Isso significa que o risco sistemático é representado por variáveis não controláveis, externas ao campo de domínio e ação de uma empresa ou de um indivíduo. Assim, por exemplo, a decadência econômica de uma região pode afetar uma pessoa em particular, tornando-a desempregada mesmo quando possuidora de excelente formação profissional. Ou, ainda, uma súbita variação cambial pode afetar drasticamente uma empresa com dívida em moeda estrangeira, tornando-a inadimplente mesmo que bem administrada.

Assim, o risco total de um investimento é composto do risco sistemático acrescido do risco não sistemático. O risco sistemático incide sobre todo e qualquer tipo de investimento: de um título financeiro qualquer a uma empresa de qualquer natureza. O risco não sistemático, entretanto, é dependente das características e do contexto de cada investimento específico — assim, quanto mais elevado esse risco, maior tende a ser a exigência de retorno que compense a exposição mais elevada.

Gráfico 4.1 Tipos de riscos

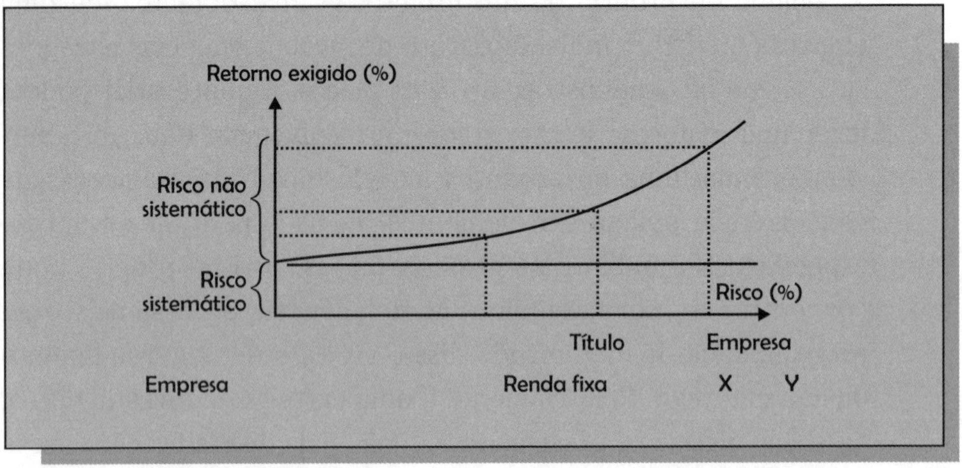

4.3 DIVERSIFICAÇÃO COMO MEDIDA PARA REDUÇÃO DO RISCO

Conceituado o risco e estabelecida a sua tipologia, algumas reflexões são possíveis, no sentido de determinar medidas para que ele seja minimizado.

Utilizando conceitos da moderna **teoria de carteiras**, a minimização do risco dos investimentos abrange a idéia de **diversificação**. De acordo com esse conceito, consagrado no mercado financeiro, o risco isolado de um determinado investimento pode ser minimizado quando esse investimento é administrado no âmbito de um conjunto ou de uma carteira de investimentos. Em outras palavras, o gerenciamento do risco dos investimentos deve considerar não somente a avaliação do risco isolado de cada ativo, mas, sobretudo, o risco geral do portfólio de investimentos.

O risco sistemático, no entanto, com a característica de incidir sobre o conjunto das atividades econômicas, é considerado sempre presente em todas as situações.

Assim, o risco total de uma carteira de investimentos é minimizado quando os diversos ativos que a compõem reagem diferentemente diante das diversas interferências do macroambiente econômico, social e político. Isso tende a ocorrer quando a carteira é composta por ativos bastante diversificados.

Este é o ponto que caracteriza a diversificação: o investidor somente estará diversificando seus investimentos quando as causas conjunturais provocarem efeitos não idênticos sobre seus ativos. Contrariamente, ao compor uma carteira de investimentos homogênea, com ativos que apresentam reações semelhantes diante dos efeitos conjunturais, o investidor não estará diversificando seus investimentos.

Essa idéia é expressa pelo conceito estatístico de **correlação**, o qual busca comparar a relação entre o comportamento de dois eventos ou variáveis. Diz-se que duas variáveis estão perfeita e positivamente correlacionadas quando se comportam de forma idêntica: coeficiente de correlação igual a mais um (+ 1). Diz-se que duas variáveis estão perfeita e negativamente correlacionadas quando se comportam de forma exatamente oposta: coeficiente de correlação igual a menos um (– 1). Quando não se consegue estabelecer qualquer correlação entre duas variáveis, o coeficiente de correlação é igual a zero. Diz-se, ainda, que dois ativos reduzem o risco da carteira quando estão inversamente correlacionados, ou, pelo menos, quando possuem diferentes grandezas de correlação.

O risco é reduzido em uma carteira de investimentos quando, por exemplo, a diminuição dos retornos de um ativo dessa carteira, devido a um fator conjuntural, não implica, necessariamente, a redução dos retornos de um outro ativo dessa mesma carteira — ao contrário, pois o mesmo fato que pode levar à crise de um investimento pode também acarretar um benefício a outro investimento dessa mesma carteira.

EXEMPLO 1:

Um aumento repentino na cotação do dólar afeta igualmente as empresas A e B, que dependem de mercadorias importadas e que, portanto, sofrem um aumento do risco de inadimplência, devido à elevação súbita de custos e queda no lucro. No entanto, esse mesmo evento sistêmico (alteração cambial) beneficia, de forma inversamente proporcional, as empresas C e D, que são exportadoras e que, por isso, reduzem seu risco de inadimplência, devido a um aumento súbito de sua lucratividade. Portanto, em relação às variações cambiais ao longo do tempo, desconsiderando outros fatores e supondo uma perfeita correlação entre o comportamento dessas empresas, teríamos:

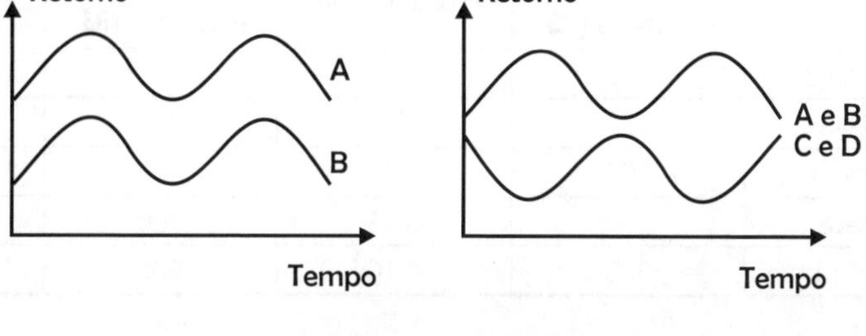

Na prática, porém, a correlação perfeitamente negativa entre ativos, o que reduziria drasticamente os riscos de uma carteira, é utópica. Normalmente, o coeficiente de correlação entre dois investimentos localiza-se entre zero e um. Isso porque a maior parte dos investimentos representados pelas empresas e outros ativos são positivamente correlacionados com o conjunto da economia. Se a economia vai bem, a tendência é que o conjunto de investimentos do país eleve seus retornos — caso contrário, a crise tende a afetar negativamente a quase totalidade dos ativos. E, ainda, para grande parte dos investimentos, é possível estabelecer-se apenas um moderado ou baixo coeficiente de correlação.

Dado um conjunto de ativos, as medidas estatísticas que refletem o grau de dispersão dos valores individuais em relação à média são o desvio-padrão e a variância. Já a covariância e a correlação indicam o relacionamento existente (ou não) entre as variáveis.

Neste estudo, a ênfase é dada à avaliação do risco de projetos independentes e isolados (e não no âmbito de uma carteira de investimentos).

4.4 SENSIBILIDADE E RISCO DE DOIS PROJETOS ISOLADOS

A análise de sensibilidade de um determinado projeto visa a testá-lo em situações ou cenários futuros não esperados pelo investidor, mas que possuem probabilidade de ocorrência. Conhecendo-se as probabilidades de ocorrências futuras, pode-se, então, avaliar o risco de um projeto.

EXEMPLO 2:

Considerar dois projetos de investimento a serem analisados, cada qual apresentando os seguintes valores esperados de resultados e as respectivas probabilidades de ocorrência em cada uma das conjunturas econômicas especificadas:

	Projeto de investimento A		Projeto de investimento B	
	Resultados esperados (R$)	Probabilidades	Resultados esperados (R$)	Probabilidades
Recessão profunda	100	0,10	100	0,20
Recessão leve	150	0,15	300	0,20
Estabilidade	200	0,50	500	0,40
Expansão leve	250	0,15	700	0,10
Expansão acelerada	300	0,10	900	0,10

- **1º passo: Cálculo do retorno esperado de cada projeto de investimento** — Conforme dissemos no início deste capítulo, o retorno esperado de um determinado investimento pode ser dado pela média dos vários resultados possíveis, ponderada pela probabilidade de ocorrência de cada um desses retornos. Ou seja:

$$E(R) = \bar{R} = \sum_{k=1}^{n} P_k \times R_k$$

Em que: $E(R) = \bar{R}$ = valor do retorno esperado do investimento

P_k = probabilidade de ocorrência de cada retorno

R_k = valor de cada retorno ou resultado possível de ocorrer

$$E(R_{\text{projeto A}}) = (0{,}10 \times 100) + (0{,}15 \times 150) + (0{,}50 \times 200) + (0{,}15 \times 250) + (0{,}10 \times 300)$$

$$E(R_{\text{projeto A}}) = \text{R\$ } 200{,}00$$

$$E(R_{\text{projeto B}}) = (0{,}20 \times 100) + (0{,}20 \times 300) + (0{,}40 \times 500) + (0{,}10 \times 700) + (0{,}10 \times 900)$$

$$E(R_{\text{projeto B}}) = \text{R\$ } 440{,}00$$

O projeto de investimento B, portanto, apresenta um retorno médio esperado superior.

- **2º passo: Cálculo da medida de risco de cada projeto de investimento** — O risco é mensurado pela variabilidade dos possíveis resultados em relação ao resultado esperado. O desvio-padrão (σ) é a medida estatística que apura esse grau de dispersão, determinando o risco do projeto de investimento:

$$\sigma = \sqrt{\sum_{k=1}^{n} P_k \left(R_k - \bar{R}_k\right)^2}$$

Projeto A:

σ_A = [0,10(100 – 200)^2 + 0,15(150 – 200)^2 + 0,50(200 – 200) + 0,15(250 – 200)^2 + 0,10(300 – 200)^2]$^{1/2}$

σ_A = [1.000 + 375 + 0 + 375 + 1.000]$^{1/2}$

σ_A = [2.750]$^{1/2}$

σ_A = R$ 52,44

Projeto B:

σ_B = [0,20(100 – 440)^2 + 0,20(300 – 440)^2 + 0,40(500 – 440)^2 + 0,10(700 – 440)^2 + 0,10(900 – 440)^2]$^{1/2}$

σ_B = [23.120 + 3.920 + 1.440 + 6.760 + 21.160]$^{1/2}$

σ_B = [56.400]$^{1/2}$

σ_B = R$ 237,49

O projeto B tem um retorno médio esperado maior, mas um desvio-padrão também mais elevado, revelando maior variabilidade do retorno esperado em relação aos resultados possíveis, ou seja, maior grau de risco. Na distribuição de probabilidades, o desvio-padrão indica quanto o retorno médio esperado é representativo dessa distribuição: quanto maior a concentração relativamente ao retorno médio, menor o desvio-padrão — e vice-versa.

- **3º passo: Cálculo do Coeficiente de Variação** — O Coeficiente de Variação (CV) indica o risco relativo de cada projeto, o que permite comparar diretamente os dois projetos analisados. Assim, esse Coeficiente aponta a participação relativa do desvio-padrão sobre o retorno médio de cada projeto:

CV = σ/E(R)

Projeto A:

CV = 52,44/200 = 26%

Projeto B:

CV = 237,49/440 = 54%

Assim, pelo Coeficiente de Variação, nota-se que o projeto A possui um risco relativo ao retorno esperado bem inferior ao do projeto B.

Exercícios Propostos

Parte I

1) Alguém oferece a você a possibilidade de comprar um imóvel, o qual poderá ser revendido daqui a seis meses por R$ 200.000. Você tem hoje o seu dinheiro aplicado a 1% ao mês. Quanto você pagaria por esse imóvel de forma a obter um VPL de R$ 30.000?
2) Você pagou, durante 20 anos (ou 240 meses), um plano de aposentadoria. Daqui a 30 dias, você começará a receber um benefício mensal no valor de R$ 800. A empresa de seguridade oferece hoje R$ 110.000 à vista pelos benefícios. Utilizando como taxa de atratividade uma remuneração mensal de 0,7%, apresente sua decisão e a justifique pelo método do VPL.
3) Uma empresa lança um *Commercial Paper* com valor de face de R$ 1.000.000 e com vencimento em oito meses. Você tem como parâmetro de atratividade uma taxa mensal de remuneração do seu dinheiro de 2,4%. Quanto você pagaria hoje por esse título de forma a obter um VPL de R$ 50.000?
4) Um projeto apresenta os seguintes fluxos de caixa líquidos anuais: (–2.000, 300, 1.500, 500, 600). Sabe-se que o investidor utiliza uma taxa de atratividade de 10% ao ano e não aceita um retorno superior a três anos. Pelo método do *payback* descontado, responda se o projeto deve ser aceito ou rejeitado e indique uma deficiência importante desse método.
5) Uma empresa precisa adquirir um novo equipamento, para utilizá-lo nos próximos dois anos. Pelo método do VPL, responda qual das alternativas é a melhor, considerando-se uma taxa de atratividade de 3% ao mês.

	Equipamento A	Equipamento B
Faturamento mensal esperado	R$ 80.000	R$ 65.000
Preço de aquisição	6 parcelas mensais de R$ 20.000*	R$ 150.000 à vista
Custo de operação	R$ 30.000 ao mês	R$ 22.000 ao mês
Custo de manutenção	R$ 25.000 ao ano (dois anos)	R$ 100.000 no 18º mês
Valor residual	R$ 50.000	R$ 35.000

* Taxa de financiamento = 4% ao mês.

6) Um investidor dispõe de um capital de R$ 350.000 e pode aplicá-lo em um empreendimento que lhe renderá R$ 90.000 ao final de cada um dos próximos três anos e R$ 150.000 ao final de cada um dos dois anos subseqüentes. Outra alternativa para o investidor é aplicar os mesmos R$ 350.000 imediatamente e receber R$ 480.000 daqui a dois anos. Sabendo-se que o investidor consegue aplicar o seu dinheiro a 15% ao ano, qual a melhor alternativa de investimento?

7) Uma empresa investe R$ 700.000 em um projeto, com a esperança de obter retornos mensais de R$ 250.000, R$ 300.000 e R$ 450.000 em um, dois e três meses, respectivamente. Qual a TIR desse projeto? **(taxa mensal)**

8) Uma empresa investe hoje R$ 200 para receber, ao final dos próximos quatro anos, R$ 50, R$ 80, R$ 80 e R$ 60, respectivamente. Qual a TIR desse projeto de investimento? **(taxa anual)**

9) Uma empresa investe hoje R$ 200 para receber R$ 100 daqui a 30 dias e R$ 170 daqui a 72 dias. Qual a TIR desse projeto de investimento? **(taxa diária)**

10) Considere os seguintes projetos com seus fluxos de caixa líquidos anuais e calcule as informações solicitadas na tabela.

    Projeto A: (– 100, 20, 70, 90)

    Projeto B: (– 100, 90, 60, 10)

	Projeto A	Projeto B	Melhor projeto
TIR			
VPL com taxa de atratividade de 10% ao ano			
VPL com taxa de atratividade de 20% ao ano			

Explique **o motivo** de a seleção do melhor projeto alterar-se, e explique também **qual método de decisão** você recomendaria como o mais adequado.

11) Considere os fluxos de caixa das seguintes propostas de investimento (anos):

Alternativa I: (– 10.000, 4.100, 3.500, 3.500, 9.500, 9.500)

Alternativa II: (– 10.000, 5.200, 4.900, 6.000, 4.600, 2.300)

Considerando-se uma taxa de desconto de 5% ao ano, calcule e apresente a decisão de investimento segundo os métodos:

a) VPL.

b) Período de *payback*, para um limite de dois anos e meio.

c) TIR.

12) Para os fluxos de caixa a seguir, calcule a TIR pura e a TIR modificada, considerando-se uma taxa de reinvestimento de 12% ao ano e uma taxa de financiamento de 15% ao ano.

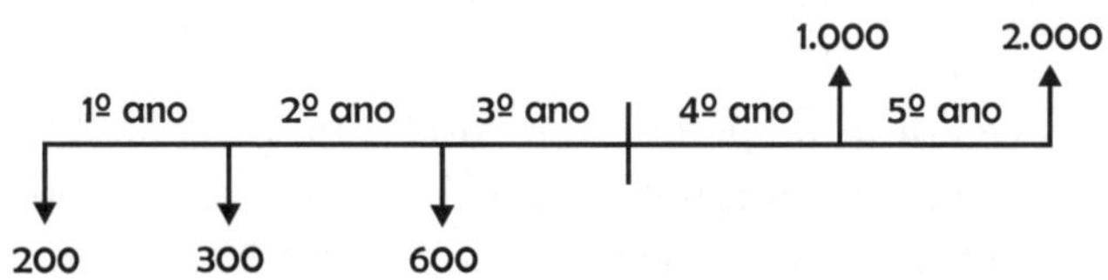

13) Uma empresa deseja instalar uma linha de produção cujo investimento inicial é de R$ 150.000. Essa linha tem vida útil de cinco anos e, ao final deste prazo, tem valor residual de R$ 30.000. A manutenção dos equipamentos exigirá desembolsos de R$ 20.000 ao final de cada ano e as receitas geradas pela produção serão de R$ 68.000 ao ano. Sabendo-se que o custo de capital da empresa é de 2,5% **ao mês**, verifique, pelo método do VPL, se o projeto é viável. Observação: Faça a demonstração gráfica dos fluxos de caixa.

14) Um equipamento rende à empresa R$ 600 por mês. Se a empresa reformá-lo, seu rendimento será de R$ 700 por mês. A reforma custará R$ 3.000 e o valor residual será zero após três anos. Com uma taxa de atratividade de 1,5% ao mês, seria mais interessante reformar o equipamento ou deixá-lo como está?

15) Um investidor tem hoje R$ 50.000 aplicados no mercado financeiro a 1,2% ao mês. Duas outras alternativas de investimento são apresentadas a ele. Calcule o VPL de cada uma das alternativas, classificando-as em ordem decrescente de retorno:

a) Adquirir um *Commercial Paper* com valor de face de R$ 56.000 e vencimento em seis meses.

b) Adquirir uma empresa que oferecerá seis retornos mensais de R$ 8.000 ao final de cada mês, e a partir do primeiro mês.

c) Manter o dinheiro aplicado no mercado financeiro.

16) Um projeto de investimento apresenta os seguintes fluxos anuais de caixa: (– 10.000, 0, – 2.000, 4.000, 6.000, 15.000). Apresente:

TIR pura	
TIR modificada com reinvestimento a 12% e financiamento a 14%	
Uma deficiência da TIR	
Outra deficiência da TIR	

17) Um investidor dispõe de um capital de R$ 400.000 e pode aplicá-lo em um empreendimento que lhe renderá R$ 60.000 ao final de cada um dos próximos três anos e R$ 200.000 ao final de cada um dos dois anos subseqüentes. Outra alternativa para esse investidor é aplicar os mesmos R$ 400.000 imediatamente e receber R$ 62.000.000 daqui a 36 anos. Qual é a melhor alternativa? Responder **pela TIR**, considerando quatro casas decimais.

18) Avalie os dois projetos seguintes (fluxos anuais) e indique o melhor utilizando cada um dos métodos indicados:

Projeto A: (– 100, 20, 70, 90)

Projeto B: (– 100, 90, 60, 10)

Método	Melhor projeto
Payback descontado (taxa de atratividade de 10%)	
TIR	
VPL (taxa de atratividade de 12%)	
VPL (taxa de atratividade de 16%)	

19) Consideradas as previsões para os projetos a seguir, apresente:

a) O retorno esperado de cada projeto.

b) A medida de risco de cada projeto.

c) O risco relativo de cada projeto (Coeficiente de Variação).

Cenários possíveis	Probabilidade de ocorrência	Projeto A	Projeto B
Expansão	25%	30%	8%
Estabilidade	50%	15%	12%
Recessão	25%	– 5%	7%

❑ **1º passo: Calcular o retorno esperado para cada projeto**

Diante dessas possibilidades, o retorno esperado pela agência de veículos é hoje dado por:

$$E(R) = \bar{R} = \sum_{k=1}^{n} P_k \times R_k$$

Em que: $E(R) = \bar{R}$ = taxa ou valor do retorno esperado do investimento

P_k = probabilidade de ocorrência de retorno em cada cenário futuro possível

R_k = valor ou taxa d e cada retorno ou resultado possível de ocorrer

Projeto A	Probabilidades (P_k)	Retorno por cenário (R_k)	($P_k \times R_k$)
Expansão			
Estabilidade			
Recessão			
Retorno médio ponderado esperado [E (R projeto A)] ⇒			

Projeto B	Probabilidades(P_k)	Retorno por cenário (R_k)	($P_k \times R_k$)
Expansão			
Estabilidade			
Recessão			
Retorno médio ponderado esperado [E (R projeto B)] ⇒			

❑ 2º passo: Calcular a medida de risco de cada projeto

A medida de risco, caracterizada pela dispersão dos diversos retornos possíveis em relação ao retorno médio ponderado esperado, é dada pelo desvio-padrão:

$$\sigma = \sqrt{\sum_{k=1}^{n} P_k \left(R_k - \overline{R}_k\right)^2}$$

Projeto A	(P_k)	(R_k)	$(R_k - \overline{R}_k)$	$P_k (R_k - \overline{R}_k)^2$
Expansão				
Estabilidade				
Recessão				
Variância (σ^2) ⇒				
Desvio-padrão do projeto A (σ) ⇒				

Projeto B	(P_k)	(R_k)	$(R_k - \overline{R}_k)$	$P_k (R_k - \overline{R}_k)^2$
Expansão				
Estabilidade				
Recessão				
Variância (σ^2) ⇒				
Desvio-padrão do projeto B (σ) ⇒				

❑ 3º passo: Calcular o risco relativo de cada projeto (Coeficiente de Variação)

O Coeficiente de Variação de cada projeto é dado por: $CV = \sigma/E(R)$

Projeto A	CV =
Projeto B	CV =

20) A agência revendedora GPB Veículos Ltda. vende um único tipo de veículo por R$ 20.000, obtendo um lucro de R$ 4.000 e oferecendo um prazo de pagamento de 30 dias a uma clientela homogênea, em termos de conceito de crédito. Historicamente, a empresa apresenta as seguintes probabilidades de recebimento:

a) 94% de chance de receber rigorosamente em dia.

b) 3% de chance de receber com atraso, mediante cobrança administrativa, que gera um custo adicional de R$ 1.000, mesmo com o cliente pagando juros de mora e demais despesas.

c) 2% de chance de receber com atraso, mediante cobrança judicial, que gera um custo adicional de R$ 4.000, mesmo com o cliente pagando juros de mora e demais despesas.

d) 1% de chance de jamais vir a receber, devido à falência do cliente, o que obriga a GPB Veículos a assumir um prejuízo no valor do preço de custo do veículo.

Calcule o retorno médio ponderado esperado e a medida de risco da condição comercial atual.

❑ **1º passo: Calcular o retorno esperado para a condição atual**

Condição comercial atual	Lucro normal	Custos adicionais	Retorno por evento (R_k)	Probabilidades (P_k)	($P_k \times R_k$)
Receber em dia					
Cobrança administrativa					
Cobrança judicial					
Não receber					
Retorno médio ponderado esperado [E (R condição atual)] ⇒					

❑ **2º passo: Calcular a medida de risco da condição atual**

Condição atual	(P_k)	(R_k)	($R_k - \bar{R}_k$)	$P_k (R_k - \bar{R}_k)^2$
Receber em dia				
Cobrança administrativa				
Cobrança judicial				
Não receber				
Variância (σ^2) ⇒				
Desvio-padrão (σ) ⇒				

21) Preocupada com a possibilidade de perda, a diretoria da GPB Veículos Ltda. (do exercício anterior) acredita que realizando algumas alterações na comercialização poderá reduzir o risco do negócio:

oferecer um prazo de pagamento de sete dias, com um desconto de R$ 600 no preço de venda, e exigir garantias do cliente. Com essa nova condição comercial, a GPB Veículos acredita que praticamente eliminará a probabilidade de não receber, bem como elevará a chance de recebimentos pontuais para 95%. Relativamente aos custos adicionais das cobranças, estes cairão pela metade, com as mesmas probabilidades anteriores.

Calcule o retorno médio ponderado esperado e a medida de risco dessa condição comercial proposta.

❑ **1º passo: Calcular o retorno médio ponderado esperado para a condição proposta**

Condição comercial proposta	Lucro normal	Custos adicionais	Retorno por evento (R_k)	Probabilidades (P_k)	($P_k \times R_k$)
Receber em dia					
Cobrança administrativa					
Cobrança judicial					
Retorno médio ponderado esperado [E (R condição atual)] ⇒					

❑ **2º passo: Calcular a medida de risco da condição comercial proposta**

Condição proposta	(P_k)	(R_k)	($R_k - \bar{R}_k$)	$P_k (R_k - \bar{R}_k)^2$
Receber em dia				
Cobrança administrativa				
Cobrança judicial				
Variância (σ^2) ⇒				
Desvio-padrão (σ) ⇒				

22) Calcule o risco relativo de cada condição comercial (dos exercícios 20 e 21) e dê as conclusões finais.

Calcular o Coeficiente de Variação para cada condição comercial

Na condição comercial atual (exercício 20)	CV =
Na condição comercial proposta (exercício 21)	CV =

Referências

Parte I

ARCHER, Stephen H.; CHOATE, G. M.; RACETTE, George. *Financial management*. New York: John Wiley & Sons, 1983.

ASSAF NETO, Alexandre. *Mercado financeiro*. São Paulo: Atlas, 1999.

________; SILVA, César A. T. *Administração do capital de giro*. 2. ed. São Paulo: Atlas, 1997.

BREALEY, Richard A.; MYERS, Stewart C. *Princípios de finanças empresariais*. 3. ed. Lisboa: McGraw-Hill de Portugal, 1992.

BRIGHAM, Eugene F.; HOUSTON, Joel F. *Fundamentos da moderna administração financeira*. Rio de Janeiro: Campus, 1999.

BROM, Luiz Guilherme. *Crédito comercial*. São Paulo: Fecap, 2003.

COBBAUT, Robert. *Théorie financière*. 4. ed. Paris: Econômica, 1997.

GITMAN, Lawrence J. *Princípios de administração financeira*. 2. ed. Porto Alegre: Bookman, 2001.

HAZZAN, Samuel; POMPEO, José N. *Matemática financeira*. 4. ed. São Paulo: Atual, 1998.

HIGGINS, Robert C. *Analysis for financial management*. 4th ed. EUA: Irwin, 1995.

IUDÍCIBUS, Sérgio de. *Análise de balanços*. São Paulo: Atlas, 1996.

KASSAI, José R. et al. *Retorno de investimentos*. 2. ed. São Paulo: Atlas, 2000.

ROSS, S. A.; WESTFIELD, R. W.; JAFFE, J. F. *Administração financeira*. São Paulo: Atlas, 1995.

VAN HORNE, J. C. *Financial management and policy*. São Paulo: Prentice-Hall, 1996.

WESTON, J. F.; BRIGHAM, E. F. *Fundamentos da administração financeira*. 10. ed. São Paulo: Makron Books, 2000.

Respostas

Parte I

1) Pagaria = $(200.000/1,01^6) - 30.000$ = R$ 158.409,05.

2) VPL = $- 800 / 0,007 + 110.000$ = R$ – 4.285,71.

3) Pagaria = $(1.000.000 / 1,024^8) - 50.000$ = R$ 777.180,61.

4) Payback ⇒ 3,27 anos (> 3 anos). O projeto deve portanto, ser rejeitado.

5)

Valor Presente	Equipamento A	Equipamento B
VP do Faturamento Total	1.354.843,37	1.100.810,24
VP do Preço de Aquisição	(104.842,74)	(150.000,00)
VP do Custo Total de Operação	(508.066,26)	(372.581,93)
VP do Custo Total de Manutenção	(29.832,84)	(58.739,46)
VP do Valor Residual	24.596,69	17.217,68
VALOR PRESENTE LÍQUIDO	736.698,22	536.706,53

Resposta: a melhor opção é o Equipamento A.

6) 1ª Alternativa ⇒ VPL = $- 350.000 + 90.000(1,15)^{-1} + 90.000(1,15)^{-2} + 90.000(1,15)^{-3} + 150.000(1,15)^{-4} + 150.000(1,15)^{-5}$

VPL = R$ 15.829,76.

2ª Alternativa ⇒ $- 350.000 + 480.000(1,15)^{-2}$

VPL = R$ 12.948,96.

Resposta: a melhor alternativa é a primeira.

7) TIR = 18,10 % ao mês.

8) TIR = 12,80 % ao ano.

9) TIR = 0,54% ao dia.

10)

	Projeto A	Projeto B	Melhor Projeto
VPL com taxa de atratividade de 10% ao ano	R$ 43,65	R$ 38,92	B
VPL com taxa de atratividade de 20% ao ano	R$ 17,36	R$ 22,45	A

Em virtude da diferença de maturidade entre os projetos, ocorre entre eles uma taxa de cruzamento (intersecção de fisher). O método do VPL é mais recomendável em razão da maior perfeição matemática quando comparado à TIR.

11)

a) VPL ⇒ Alternativa I = R$ 15.361,97; Alternativa II = R$ 10.166,39. Decisão: Alternativa I.

b) Período de Payback (até 2,5 anos) ⇒ Alternativa I = 2,97 anos; Alternativa II = 2,12 anos. Decisão: Alternativa II.

c) TIR ⇒ Alternativa I = 41,12% ao ano; Alternativa II = 40,16% ao ano. Decisão: Alternativa I.

12) TIR = 34,77 % ao ano.

TIR-M = 27,82 % ao ano.

13) 2,5% ao mês = $[(1{,}025)^{12} - 1]$ = 34,49% ao ano.

$VPL = -150 + 48(1{,}3449)^{-1} + 48(1{,}3449)^{-2} + 48(1{,}3449)^{-3} + 48(1{,}3449)^{-4} + 78(1{,}3449)^{-5}$

VPL = -35,64, portanto inviável.

14) Sem reforma:

$VPL = -0 + 600\,[1/0{,}015 - 1/0{,}015(1{,}015)^{36}]$ = R$ 16.596,41

Com reforma:

$VPL = -3.000 + 700[1/0{,}015 - 1/0{,}015(1{,}015)^{36}]$ = R$ 16.362,48

Resposta: é melhor não reformar!

15)

1º) $A = VPL = -50.000 + 56.000/1{,}012^{6}$ = R$ 2.132,07.

2º) $C = VPL = -50.000 + 50.000(1{,}012)^{6}/1{,}012^{6}$ = zero.

3º) $B = VPL = -50.000 + 8.000[1/0{,}012 - 1/0{,}012(1{,}012)^{6}]$ = (R$ 3.953,19).

16)

TIR Pura	19,61 % ao ano.
TIR-M com reinvestimento a 12% e financiamento a 14%	18,30% ao ano.
Uma deficiência da TIR	Pressuposto do reinvestimento pela própria TIR.
Outra deficiência da TIR	Possibilidade de múltiplas TIR em virtude de várias inversões de sinal.

17) 1ª Alternativa) TIR = 10,77 % ao ano.

2ª Alternativa) TIR = 15,04 % ao ano.

18)

Método	Melhor Projeto
Payback Descontado (Taxa de Atratividade de 10%)	A
TIR	A
VPL (Taxa de Atratividade de 12%)	B
VPL (Taxa de Atratividade de 16%)	A

19)

❑ 1º passo:

Projeto A	Probabilidades (P_k)	Retorno por Cenário (R_k)	($P_k \times R_k$)
Expansão	0,25	30%	7,5%
Estabilidade	0,50	15%	7,5%
Recessão	0,25	– 5%	– 1,25%
Retorno Médio Ponderado Esperado [E(R projeto A)] ⇒			13,75%

Projeto B	Probabilidades (P_k)	Retorno por Cenário (R_k)	($P_k \times R_k$)
Expansão	0,25	8%	2%
Estabilidade	0,50	12%	6%
Recessão	0,25	7%	1,75%
Retorno Médio Ponderado Esperado [E(R projeto B)] ⇒			9,75%

❑2º passo:

Projeto A	(P_k)	(R_k)	$(R_k - \bar{R}_k)$	$P_k (R_k - \bar{R}_k)^2$
Expansão	0,25	30%	(30 – 13,75) = 16,25	66,02
Estabilidade	0,50	15%	(15 – 13,75) = 1,25	0,78
Recessão	0,25	– 5%	(–5 – 13,75) = – 18,75	87,89
			Variância (σ^2) ⇒	154,69
			Desvio-Padrão do Projeto A (σ) ⇒	12,44%

Projeto B	(P_k)	(R_k)	$(R_k - \bar{R}_k)$	$P_k (R_k - \bar{R}_k)^2$
Expansão	0,25	8%	(8 – 9,75) = – 1,75	0,77
Estabilidade	0,50	12%	(12 – 9,75) = 2,25	2,53
Recessão	0,25	7%	(7 – 9,75) = – 2,75	1,89
			Variância (σ^2) ⇒	5,19
			Desvio-Padrão do Projeto B (σ) ⇒	2,28%

❑3º passo:

Projeto A	CV = 12,44 / 13,75 = 90,47%
Projeto B	CV = 2,28 / 9,75 = 23,38%

20)

❑1º passo:

Condição Comercial Atual	Lucro Normal	Custos Adicionais	Retorno por evento (R_k)	Probabilidades (P_k)	$(P_k \times R_k)$
Receber em dia	4.000	0	4.000	94%	3.760
Cobrança administrativa	4.000	1.000	3.000	3%	90
Cobrança judicial	4.000	4.000	0	2%	0
Não receber	0	16.000	(16.000)	1%	(160)
Retorno Médio Ponderado Esperado [E(R situação atual)] ⇒					3.690

❑2º passo:

Condição Atual	(P_k)	(R_k)	$(R_k - \bar{R}_k)$	$P_k (R_k - \bar{R}_k)^2$
Receber em dia	0,94	4.000	(4.000 – 3.690) = 310	90.334
Cobrança administrativa	0,03	3.000	(3.000 – 3.690) = – 690	14.283
Cobrança judicial	0,02	0	(0 – 3.690) = – 3.690	272.322
Não receber	0,01	(16.000)	(– 16.000 – 3.690) = – 19.690	3.876.961
			Variância (σ^2) ⇒	4.253.900
			Desvio-Padrão (σ) ⇒	2.062.50

21)

❑1º passo:

Condição Comercial Proposta	Lucro Normal	Custos Adicionais	Retorno por evento (R_k)	Probabilidades (P_k)	($P_k \times R_k$)
Receber em dia	3.400	0	3.400	95%	3.230
Cobrança administrativa	3.400	500	2.900	3%	87
Cobrança judicial	3.400	2.000	1.400	2%	28
Retorno Médio Ponderado Esperado [E(R situação proposta) ⇒					3.345

❑2º passo:

Condição Proposta	(P_k)	(R_k)	($R_k - \bar{R}_k$)	$P_k (R_k - \bar{R}_k)^2$
Receber em dia	0,95	3.400	(3.400 – 3.345) = 55	2.874
Cobrança administrativa	0,03	2.900	(2.900 – 3.345) = – 445	5.941
Cobrança judicial	0,02	1.400	(1.400 – 3.345) = – 1.945	75.660
			Variância (σ^2) ⇒	84.475
			Desvio-Padrão (σ) ⇒	291

Independentemente do cálculo do desvio-padrão, pode-se perceber, nas duas situações acima descritas, uma forte diferença na variação das possibilidades de retorno: na situação atual (exercício 20), os resultados possíveis vão de um prejuízo de R$ 16.000 até um lucro de R$ 4.000, enquanto na situação proposta (exercício 21) os resultados variam entre um lucro de R$ 1.400 e R$ 3.400. Na condição comercial atual, a empresa tem tanto um retorno médio esperado quanto um desvio-padrão elevados, ocorrendo uma dispersão maior dos resultados possíveis em relação àquele, ou seja, um alto grau de risco.

Na condição proposta, acontece o contrário, a expectativa de retorno é mais baixa e a medida de dispersão (desvio-padrão) também é menor em relação a esse retorno esperado, o que indica risco inferior.

Esse exemplo GPB veículos reflete o clássico dilema do risco-retorno, uma questão fundamental da teoria de finanças.

Diante da distribuição de probabilidades, o desvio-padrão aponta o quanto o retorno médio esperado é representativo dessa distribuição: quanto maior a concentração em torno do retorno médio, menor o desvio-padrão e vice-versa.

No exemplo dado, todavia, o risco reduziu-se na situação proposta, mas o retorno médio esperado também diminuiu. Ao se comparar diretamente as duas situações analisadas, pode-se utilizar o Coeficiente de Variação, que aponta a participação relativa do desvio-padrão sobre o retorno médio.

22) $CV = \sigma / E(R)$.

Na primeira condição (atual) ⇒ CV = 2.062,50 / 3.690 = 55,89%.

Na segunda condição (proposta) ⇒ CV = 291 / 3.345 = 9%.

Assim, por meio do Coeficiente de Variação, nota-se que a situação proposta possui um risco relativo ao retorno esperado bem inferior ao da situação atual.

Parte II

CAPITAL DE GIRO: UMA ABORDAGEM GERENCIAL

Jose Eduardo Amato Balian

Capital de giro pode ser definido como o montante de recursos que a empresa precisa desembolsar antes de receber pela venda de seus produtos ou serviços, isto é, todos os pagamentos efetuados para manter a empresa funcionando até que receba de seus clientes. A expressão "de giro" pode ser interpretada como "em funcionamento", ou seja, operando.

A gestão do capital de giro é de fundamental importância, pois o caixa reflete o que ocorre na organização, como sua capacidade de pagar obrigações em dia e de gerar retorno aos acionistas.

Ser uma empresa "descapitalizada" significa não dispor de capital de giro suficiente para honrar seus compromissos antes da data de seus recebimentos. Nesse caso, faz-se necessário um estudo profundo dos fatores que levaram a empresa a esta situação, os quais podem ser: (i) perder a eficiência produtiva (produzir o mesmo lote em mais tempo e/ou com qualidade inferior); (ii) aumentar o prazo de pagamento a seus clientes (em função da concorrência mais acirrada); (iii) conseguir prazo menor para pagamento de seus fornecedores (refletindo menos poder de negociação) — isto para citar alguns fatores, entre outros, com conseqüências nos preços de venda, despesas financeiras e retorno aos acionistas.

Há duas grandes razões fundamentais que podem levar uma organização à falência: falta ou excesso de pedidos. A explicação referente à falta de pedidos parece-nos desnecessária; já o excesso de pedidos pode ser igualmente problemático, uma vez que o crescimento rápido sem o capital de giro necessário leva a empresa a um maior grau de endividamento, o qual, conjugado a altas taxas de juros, pode inviabilizar um negócio, anteriormente lucrativo.

Na economia brasileira, podemos citar o Mappin, as Casas Centro e a Vasp como exemplos de empresas que faliram devido a seu crescimento rápido sem dispor de um capital que suportasse a velocidade do aumento de faturamento.

Ressalte-se que esta segunda parte do livro divide-se em três capítulos: no primeiro, apresentam-se os conceitos básicos e a metodologia para a aplicação do **Mapa de Acompanhamento do Capital de Giro (MACG)**; no segundo, trata-se de sua gestão propriamente dita, abordando diferentes estratégias de atuação; por fim, no terceiro capítulo, expõem-se as fontes de financiamento de capital de giro.

Ao longo desta segunda parte, são oferecidas questões para estudo dos diversos conceitos relativos ao tema e exercícios de reforço para aplicação prática da abordagem gerencial proposta.

Capítulo

5

CONCEITOS BÁSICOS E DESENVOLVIMENTO DO MAPA DE ACOMPANHAMENTO DO CAPITAL DE GIRO (MACG)

Capital de giro pode ser definido como o montante de recursos que a empresa precisa desembolsar antes de receber pela venda de seus produtos ou serviços, isto é, todos os pagamentos que deverão ser efetuados para manter a empresa funcionando até o recebimento de seus clientes.

O termo "de giro" pode ser entendido como "em funcionamento", ou seja, operando. No entanto, faz-se necessário pagar os compromissos que vencem antes da data de recebimento.

A gestão do capital de giro é de fundamental importância, pois o caixa reflete o que ocorre na organização, por exemplo, sua capacidade de pagar obrigações em dia e de gerar retorno aos acionistas.

Uma empresa "descapitalizada" significa não dispor de capital de giro suficiente para honrar seus compromissos antes da data de seus recebimentos e exige um profundo estudo dos fatores que levaram-na a essa situação, que podem ser: (i) perda da eficiência produtiva (produzir o mesmo lote em mais tempo e/ou com qualidade inferior); (ii) dar mais prazo de pagamento a seus clientes (em função da concorrência mais acirrada); (iii) conseguir prazo menor de pagamento de seus fornecedores (refletindo menor poder de negociação), entre outros, com conseqüências nos preços de venda, despesas financeiras e retorno aos acionistas.

Uma organização pode falir fundamentalmente por duas grandes razões: falta ou excesso de pedidos. A explicação da falta de pedidos é desnecessária, mas o excesso de pedidos pode ser igualmente problemático, na medida em que o crescimento rápido sem o capital de giro necessário leva a empresa a um maior nível de endividamento, que, conjugado com altas taxas de juros, pode inviabilizar um negócio, antes lucrativo.

Em nossa economia podemos citar o caso do Mappin, das Casas Centro e da Vasp, como algumas empresas que "quebraram" devido a seu crescimento rápido (sem dispor de capital necessário para suportar a velocidade do aumento de faturamento).

Este capítulo divide-se em três partes: na primeira, são apresentados os conceitos básicos e a metodologia para aplicação do Mapa de Acompanhamento do Capital de Giro (MACG); na segunda, sua gestão propriamente dita, abordando diferentes estratégias de atuação; e, por fim, na terceira, as fontes de financiamento de capital de giro.

Ao longo do capítulo, são oferecidas questões para estudo dos diversos conceitos relativos ao tema e exercícios de reforço para aplicação prática da abordagem gerencial proposta.

No *site* do livro encontram-se disponíveis uma planilha eletrônica e uma série de balanços de empresas que operam no Brasil para que o leitor possa analisá-las e propor ações de melhorias para sua performance.

5.1 CONCEITOS BÁSICOS

A partir do que dissemos na apresentação desta segunda parte do livro, é possível explicar o conceito de capital de giro de dois aspectos: **contábil** e **financeiro**. Contabilmente, pode-se definir:

Capital de giro

CDG = (Patrimônio Líquido + Exigível a Longo Prazo) — (Ativo Permanente + Realizável a Longo Prazo)

Capital de giro próprio
CGP = (Patrimônio Líquido) — (Ativo Permanente)

O CDG ou CGP representam o montante de recursos que a empresa dispõe para continuar operando antes de receber pela venda de seus produtos ou serviços. Mostram, portanto, o montante que ela **possui** para giro — isto é, seu capital disponível; já a **necessidade de capital de giro** (NCG), como o próprio nome diz, mostra a **necessidade** financeira da empresa para operar antes do recebimento de seus clientes.

São dois conceitos diferentes, os quais se complementam: um mostra a real necessidade, o outro, o valor disponível em dado momento.

No enfoque contábil, preocupa-se com o registro e o saldo das contas da empresa; já enfoque financeiro prioriza-se a gestão dessas contas a partir de seus saldos.

Para que possamos fazer uma análise completa da **gestão do capital de giro** e contribuir com propostas de melhoria para a organização, precisamos: (i) entender o *tradeoff* entre liquidez e lucratividade; (ii) esmiuçar sua **estrutura patrimonial**, conhecê-la, considerando seu fluxo de caixa e, depois, por meio de informações consistentes; (iii) calcular a **NCG** a partir do ciclo financeiro; (iv) calcular o **ciclo operacional e financeiro**; (v) elaborar o **Mapa de Acompanhamento do Capital de Giro**, que inclui o estudo da capacidade de expansão de vendas.

Dessa forma, o ponto de partida começa por entender as contas do Balanço Patrimonial da empresa, a saber:

- O **Ativo Total** é composto pelo somatório dos ativos Circulante e Permanente. O Ativo Circulante é composto pelos ativos Financeiro e Operacional.
- O **Passivo Total** é composto pelo somatório dos passivos Circulante e Permanente. O Passivo Circulante é composto pelos passivos Financeiro e Operacional.

A estrutura patrimonial é dividida da forma apresentada no Quadro 5.1.

A demonstração contábil denominada Balanço apresenta o saldo das contas (registros contábeis) em uma determinada data. Esse saldo segue uma ordem de liquidez (Ativo) e de exigibilidade (Passivo).

Quadro 5.1 Balanço Patrimonial

ATIVO		PASSIVO	
Circulante Financeiro	(+)	**Circulante Financeiro**	(–)
Caixa e Bancos		Empréstimos Bancários	
Aplicações Financeiras		Financiamentos	
		Duplicatas Descontadas	
		Dividendos e IR	
Circulante Operacional		**Circulante Operacional**	
Duplicatas a Receber		Fornecedores	
Estoques		Salários e Encargos	
Adiantamentos e Despesas de Competência do Exercício Seguinte		Impostos e Taxas	
		Adiantamentos a Clientes	
Permanente	(–)	**Permanente**	(+)
Realizável a Longo Prazo		Exigível a Longo Prazo	
Investimento Fixo		Patrimônio Líquido	

Segundo DI AGUSTINI (1996), no Ativo (que, **contabilmente**, expressa o **conjunto dos bens e direitos** da empresa, e, **financeiramente**, identifica os **investimentos** de recursos realizados), o saldo das contas é classificado em três grupos:

1. Ativo Circulante — bens e direitos realizáveis em até 360 dias.
2. Ativo Realizável a Longo Prazo — bens e direitos realizáveis em prazo superior a 360 dias.
3. Ativo Permanente — bens e direitos classificados em:
   a) investimentos — participações em outras empresas e demais aplicações financeiras;
   b) imobilizado — bens e direitos destinados à operação da empresa;
   c) diferido — aplicações em despesas que produzirão benefícios futuros.

No Passivo (que, **contabilmente**, expressa o **conjunto dos deveres e obrigações** da empresa, e, **financeiramente**, identifica as **fontes de financiamento** de recursos da empresa), o saldo das contas também é classificado em três grupos:

1. Passivo Circulante — obrigações exigíveis em até 360 dias.

2. Passivo Realizável a Longo Prazo — obrigações exigíveis em prazo superior a 360 dias.
3. Passivo Permanente — recursos dos proprietários.

Caso a empresa tenha mais financiamentos operacionais do que investimentos operacionais, sobram recursos das atividades operacionais, que poderão ser usados para aplicação no mercado financeiro ou para expansão da produção.

Caso a empresa possua mais investimentos operacionais do que obtém de financiamentos operacionais, faltam recursos. Nesse caso, sua necessidade de capital de giro pode ser financiada por três fontes (alternativas):

1. Duplicatas e cheques descontados e empréstimos bancários de curto prazo.
2. Financiamentos bancários de longo prazo.
3. Parte do patrimônio líquido, ou seja, capital circulante próprio ou dos acionistas.

5.2 O *TRADEOFF* ENTRE LIQUIDEZ E LUCRATIVIDADE

Cabe ao administrador financeiro tomar decisões visando a melhorar a rentabilidade da empresa e, ao mesmo tempo, diminuir seu risco operacional e financeiro. Tal tarefa parece fácil, mas não é. Isso porque essas duas variáveis são conflitantes, exigindo do gestor o estabelecimento de prioridades.

Caso tome medidas para melhorar a liquidez — por exemplo, diminuição de prazos de pagamento de clientes, diminuição de estoques de produtos acabados, da variedade de produtos ofertados aos clientes etc. —, estará diminuindo sua rentabilidade, uma vez que as vendas tendem a cair, diminuindo, conseqüentemente, a lucratividade da organização.

Diferentemente, se priorizar a rentabilidade, utilizando medidas como trabalhar com grande variedade de produtos, estoques elevados e maior prazo de pagamento, estará facilitando as vendas e aumentando o lucro, mas estará comprometendo o capital de giro da empresa, ou seja, aumentando a necessidade de recursos financeiros para manter esse volume de vendas; nessas condições, estará aumentando o risco de não cumprir seus compromissos financeiros em dia.

Daí o *tradeoff* (ou seja, optar entre rentabilidade com maior variedade de produtos e estoques para facilitar as vendas ou liquidez com lucro menor, mas o caixa equilibrado) e a necessidade de se definir prioridades e revisá-las continuadamente.

Quadro 5.2 Decisões e seus reflexos sobre a lucratividade e a liquidez

Medidas	Efeito sobre a lucratividade	Efeito sobre a liquidez
Maior prazo de pagamento aos clientes	Aumenta	Diminui
Elevados níveis de estoque	Aumenta	Diminui
Maior variedade de produtos	Aumenta	Diminui
Menor prazo de pagamento aos clientes	Diminui	Aumenta
Baixos níveis de estoque	Diminui	Aumenta
Menor variedade de produtos	Diminui	Aumenta

Lucratividade = relação entre as receitas e os custos gerados ao se usar os ativos da empresa — Circulante e Permanente.

Risco = probabilidade de a empresa não ser capaz de pagar suas contas no vencimento.

5.3 FLUXO DE CAIXA, ATIVOS E PASSIVOS OPERACIONAIS, FINANCEIROS E PERMANENTES

Para o processo de avaliação das necessidades e administração do capital de giro, é indispensável que se classifiquem, a partir da estrutura patrimonial da empresa, os grupos de contas como Circulante Operacional, Financeiro e Permanente.

Uma forma possível de identificar e classificar esses grupos de contas é a partir do Fluxo de Caixa. Um fluxo bem elaborado mostra não só a movimentação dos recursos na empresa, mas também ajuda a identificar o significado e o valor de seus grupos patrimoniais.

O ponto de partida pode ser o caixa. Analisar a gestão de caixa significa estudar os fatores que influenciam sua movimentação de curto e longo prazos. Sua gestão adequada evidencia se a empresa gera recursos para financiar suas atividades, se tem capacidade de pagar suas dívidas, se sobram recursos para investimentos ou amortização de financiamentos.

A movimentação de dinheiro dos acionistas, com aporte e distribuição de lucros, e as compras e vendas de ativos podem e devem ser retratadas no Fluxo de Caixa.

Entre os três Fluxos Financeiros existentes — o **de Recebimentos e Pagamentos**, o **de Origem e Aplicações de Recursos** e o **de Investimentos** —, utilizaremos em nossa metodologia o Fluxo de Recebimentos e Pagamentos, em função de sua praticidade para gerenciamento do caixa a curto prazo.

Segundo FREZATTI (1994), existem quatro subfluxos: o **operacional**, que relaciona as entradas e as saídas provenientes da principal atividade da empresa; o **financeiro**, que engloba as entradas e as saídas não operacionais, fundamentalmente financeiras; o de **ativos**, que relaciona os recebimentos das vendas de ativos e os pagamentos das compras destes; e, por fim, o dos **acionistas**, por meio do qual se injeta capital e se retiram recursos, tais como lucros, dividendos etc.

Quadro 5.3 Os quatro subfluxos de caixa segundo Frezatti

OPERACIONAL	ATIVOS
FINANCEIRO	ACIONISTAS

Fonte: FREZATTI, Fábio. *Gestão do fluxo de caixa diário*. São Paulo: Atlas, 1994.

Fluxo de Caixa = indicador que possibilita a perfeita visualização e análise dos valores históricos (isto é, anteriores, que já ocorreram), bem como a fixação de metas a serem atingidas pela empresa nos períodos seguintes.

O quadro a seguir mostra as contribuições mais relevantes do Fluxo de Caixa, levando-se em conta o fator **tempo**.

Quadro 5.4 Fluxo de Caixa no tempo

PERÍODOS HISTÓRICOS	PERÍODOS FUTUROS
Controle de entradas	Fixação de metas e objetivos
Controle de saídas	Elaboração da previsão de caixa dia-a-dia
Comparação de recebimentos e pagamentos com períodos anteriores	Visualização das sobras e faltas de recursos
	Elaboração da política financeira da empresa (de recebimentos e pagamentos)
	Gestão de estoques

Fonte: FREZATTI, 1994.

As previsões dos recebimentos e pagamentos diários compõem o Fluxo de Caixa, enquanto o Controle de Caixa relaciona os recebimentos e pagamentos totais no mês.

Quadro 5.5 Fluxo de Caixa

A — SALDO INICIAL
B — ENTRADAS OPERACIONAIS Vendas à Vista Recebimento de Duplicatas
C — ENTRADAS NÃO OPERACIONAIS Recebimento de Empréstimos Desconto de Duplicatas Resgates de Aplicações Outros Recebimentos
D — ATIVOS Vendas de Ativos
E — ACIONISTAS Aporte de Capital
F — TOTAL DE ENTRADAS
G — SAÍDAS OPERACIONAIS Pagamentos de Salários, Impostos, Fornecedores, Despesas Administrativas e de Vendas
H — SAÍDAS NÃO OPERACIONAIS Pagamento de Empréstimos Pagamento de Juros Outras Saídas
I — ATIVOS Compra de Ativos
J — ACIONISTAS Pró-labore Lucros/Dividendos
K — TOTAL DE SAÍDAS
L — SALDO LÍQUIDO
M — SUPERÁVIT/DÉFICIT DE CAIXA
N — SALDO FINAL

Fonte: FREZATTI, 1994.

Importante:

O Fluxo e o Controle de Caixa representam a movimentação prevista e realizada de recursos (dinheiro) na empresa, e não de vendas.

Por meio das vendas obteremos o resultado da empresa, ou seja, seu lucro por produto; no entanto, geralmente, o Fluxo de Caixa mostra a previsão e movimentação financeira. Portanto, são pontos diferentes.

Analisemos, com mais detalhes, os quatro subfluxos de caixa.

O **Fluxo Operacional** é composto pelas entradas operacionais e saídas operacionais.

As **entradas operacionais** representam as entradas de dinheiro na empresa, proveniente exclusivamente de seu negócio, isto é, o recebimento feito por meio da venda de produtos ou serviços da empresa. As principais contas são: Vendas à Vista, Recebimento de Duplicatas ou Cheques (programados), Operações de *Vendor* e outros possíveis recebimentos.

As **saídas operacionais** são as saídas de caixa pertencentes exclusivamente ao negócio da empresa, isto é, relativo a todos os pagamentos necessários para se realizar o produto originário da venda ou o serviço prestado. As principais contas são: Pessoal (folha mais encargos), Pró-labore, Impostos, Fornecedores, Prestadores de Serviços, Aluguel, Comissão de Vendas, Publicidade, Despesas Administrativas, Fretes e outras despesas diversas.

O **Fluxo não Operacional** é composto pelas entradas não operacionais e saídas não operacionais.

As **entradas não operacionais** representam as entradas de caixa que não são pertinentes ao negócio da empresa, ou seja, são recebimentos de operações financeiras. As principais contas são: Empréstimos (recebimentos), Desconto de Duplicatas, Desconto de Cheques, Juros (recebimento), Resgate de Aplicações e outras diversas.

As **saídas não operacionais** representam as saídas de caixa que não são pertinentes ao negócio da empresa, ou seja, são pagamentos de operações financeiras. As principais contas são: Empréstimos (pagamentos), Juros (pagamentos), Aplicações Financeiras, Compra de Ativos, retirada de dinheiro da empresa por intermédio de lucros e outros pagamentos diversos.

O **Fluxo de Ativos** é composto pela movimentação dos ativos imobilizados da empresa (compra e venda de máquinas e equipamentos etc.).

O **Fluxo dos Acionistas** é composto pela movimentação financeira daqueles que detêm o capital votante da empresa (com aportes de capital e distribuição de lucros e dividendos).

A partir dessas explicações, fica mais fácil compreender a estrutura patrimonial de qualquer organização, uma vez que sabemos que esta possui quatro subfluxos de caixa.

Posto isso, façamos uma analogia das contas que compõem a estrutura patrimonial da empresa com as contas de seu Fluxo de Caixa.

O Fluxo Operacional está ligado ao Ativo Circulante Operacional (ACO) e ao Passivo Circulante Operacional (PCO); o Fluxo não Operacional está ligado ao Ativo Circulante Financeiro e ao Passivo Circulante Financeiro; o Fluxo dos Ativos está ligado ao Ativo Permanente; e o Fluxo dos Acionistas está ligado ao Patrimônio Líquido da empresa (ver Quadro 5.6).

Quadro 5.6 Relação entre Fluxo de Caixa e estrutura patrimonial

FLUXOS	MOVIMENTAÇÃO DE CAIXA	RELAÇÃO COM ESTRUTURA PATRIMONIAL
OPERACIONAL	Entradas operacionais Saídas operacionais	Ativo Circulante Operacional Passivo Circulante Operacional
NÃO OPERACIONAL	Entradas financeiras Saídas financeiras	Ativo Circulante Financeiro Passivo Circulante Financeiro
ATIVOS	Compra Venda	Ativo Permanente
ACIONISTAS	Aporte de capital Distribuição de lucros	Patrimônio Líquido

5.4 A NECESSIDADE DE FINANCIAMENTO DE CAPITAL DE GIRO

Tendo em mãos o Balanço da empresa e, por conseqüência, sua estrutura patrimonial, temos condições de calcular o valor de financiamento de capital de giro e entender o porquê desse montante.

Podemos definir Ativo Circulante Operacional como os investimentos pertinentes às atividades de compra, produção, estocagem e venda.

Pergunta-se: Como assim, investimentos? A empresa não investe só em máquinas e equipamentos? A resposta é não. Os gastos com matérias-primas, estoques "parados" de produtos acabados e em elaboração, bem como o saldo de duplicatas a receber, também representam investimentos da empresa.

De modo análogo, definimos o Passivo Circulante Operacional como o financiamento automático que decorre dessas atividades, isto é, os atos de comprar, produzir, estocar e vender.

Pergunta-se: Mas o financiamento não é só dinheiro obtido em bancos? A resposta também é negativa. Ao conseguir prazo para pagar seus fornecedores, funcionários e credores de uma forma geral, a empresa também está conseguindo "se financiar".

A diferença entre esses investimentos (ACO) e financiamentos (PCO) é quanto a empresa necessita de capital para financiar suas atividades, ou seja, a necessidade de capital de giro (NCG).

$$NCG = ACO - PCO$$

No dia-a-dia dos negócios, é comum ocorrer três situações: na primeira, faltam recursos à empresa e ela tem necessidade de capital de giro, isto é, a NCG é "positiva". Suponha um investimento "no giro" do negócio de R$ 100 e a obtenção de um financiamento equivalente a R$ 80. A NCG é de R$ 20, o que indica **falta de recursos**. Neste caso, **ACO > PCO**.

A segunda situação é a da empresa capitalizada, ou seja, há mais financiamentos operacionais do que investimentos operacionais, sobrando recursos das atividades operacionais — que poderão ser usados para aplicação no mercado financeiro ou para expansão da produção. Suponha um investimento no "giro" do negócio de R$ 80 e investimentos de R$ 100. A NCG será negativa de R$ (20), o que indica **sobra de recursos**. Neste caso, apresenta o **PCO > ACO**.

A terceira e última possibilidade é a empresa não precisar de recursos para financiar seu "giro", mas não existir sobra de recursos para aplicações ou ampliações. Suponha uma empresa com NCG igual a zero, em que os investimentos e financiamentos em "giro" equivalem-se (em nosso exemplo, são iguais a R$ 100). Neste caso, **PCO = ACO**.

Para que a administração do capital de giro seja eficiente, precisamos decompor sua estrutura patrimonial — tal como fizemos —, como se estivéssemos desmontando o motor de um carro para entender como ele funciona.

5.5 CICLOS OPERACIONAL E FINANCEIRO

O **Ciclo Operacional (CO)** mostra o tempo decorrido entre a compra e o recebimento da venda dos produtos, isto é, o prazo de investimento da empresa.

Mostra, portanto, em números de dias médios, quanto a empresa investiu em matérias-primas, na produção, em estoques e em duplicatas a receber.

$$CO = PME + PMFa + PMV + PMC$$

Em que:

PME = prazo médio de estocagem de matéria-prima

PMFa = prazo médio de fabricação

PMV = prazo médio de venda

PMC = prazo médio de cobrança

Nas empresas comerciais, podemos representar o Ciclo Operacional pela expressão:

$$CO = PMV + PMC$$

O Ciclo **Financeiro (CF) ou Ciclo de Caixa**, como é também chamado, representa o tempo (número de dias) decorrido entre o momento em que a empresa coloca dinheiro (pagamento do fornecedor) e o momento em que recebe pelas vendas (recebimento do cliente).

$$CF = (PME + PMFa + PMV + PMC) - (PMPFo - PMDO)$$

Em que:

PMPFo = prazo médio de pagamento de fornecedores

PMDO = prazo médio das despesas operacionais

O Ciclo Financeiro mostra a necessidade de financiamento ou sobra de caixa na empresa. Inicialmente, para calculá-lo, é preciso definir vários conceitos relativos a prazos médios.

Prazos Médios

Prazo Médio de Estocagem de Matéria-Prima (PME)

$$PME = \frac{\text{Estoque de matéria-prima}}{\text{Consumo de matéria-prima}} \times 360$$

Representa o número médio de dias entre a compra e a utilização da matéria-prima na produção.

Prazo Médio de Fabricação (PMFa)

$$PMFa = \frac{\text{Estoque de produtos em processo}}{\text{Custo dos produtos vendidos}} \times 360$$

Representa o número médio de dias de fabricação dos produtos pela empresa.

Prazo Médio de Venda (PMV)

$$PMV = \frac{\text{Estoque de produtos acabados}}{\text{Faturamento*}} \times 360$$

* Vendas — abatimentos e devoluções

Representa o número médio de dias de estocagem de produtos acabados pela empresa.

Prazo Médio de Cobrança (PMC)

$$PMC = \frac{\text{Duplicatas a receber}}{\text{Faturamento}} \times 360$$

Representa o número médio de dias em que a empresa recebe de seus clientes pela venda de seus produtos.

Prazo Médio de Pagamento de Fornecedores (PMPFo)

$$PMPFo = \frac{\text{Fornecedores a pagar}}{\text{Faturamento}} \times 360$$

Representa o número médio de dias em que a empresa efetua os pagamentos de matérias-primas para seus fornecedores.

Prazo Médio das Despesas Operacionais (PMDO)

$$PMDO = \frac{\text{Despesas a pagar}}{\text{Faturamento}} \times 360$$

Representa o número médio de dias em que a empresa efetua o pagamento de suas despesas operacionais.

CICLO OPERACIONAL

PME	PMF	PMV	PMC
0 – 30	30 – 42	42 – 60	60 – 120

PMPFo	Necessidade de Financiamento
0 – 80	80 – 120

CICLO FINANCEIRO

PME = 30
PMV = 18
PMC = 60
PMFa = 12
PMPFo = 80

CO = PME + PMFa + PMV + PMC

CO = (30 + 12 + 18 + 60) = 120 dias

CF = (PME + PMFa + PMV + PMC) — (PMPFo — PMDO)

CF = (120) – (80) = 40 dias

5.6 CÁLCULO DA NECESSIDADE DE INVESTIMENTO EM CAPITAL DE GIRO E ELABORAÇÃO DO MAPA DE ACOMPANHAMENTO DO CAPITAL DE GIRO

A definição da necessidade de capital de giro (NCG) é uma das questões estratégicas críticas (QEC) de qualquer negócio, seja ele industrial, comercial, seja prestador de serviços.

QEC = é um objetivo mensurável, com base em um problema/oportunidade potencial ou atual, que tenha um impacto sobre a estratégia da organização.

A NCG não é só um conceito fundamental para análise do ponto de vista financeiro, ou seja, de caixa, mas também das estratégias de financiamento, crescimento e lucratividade da organização. Para seu cálculo, parte-se dos seguintes demonstrativos contábeis:

1. Balanço Patrimonial.
2. Demonstrativo de Resultados.
3. Demonstrativo de Dados Complementares.

A partir dessas informações, para completa análise do capital de giro da empresa e posterior tomada de ações para crescimento de sua rentabilidade, são propostos cinco Quadros Analíticos e um conjunto de seis grupos de Indicadores Econômico-Financeiros que compõem o **Mapa de Acompanhamento do Capital de Giro (MACG)**. Esse mapa sintetiza parcialmente os trabalhos apresentados por Assaf Neto (1999), Matarazzo (1998), Santi Filho (8) e Guimarães Brasil (9).

Sugerimos que a empresa seja analisada a partir do preenchimento do Mapa de Acompanhamento do Capital de Giro.

Os **Quadros Analíticos** são os seguintes:

1. Análise Vertical e Horizontal do Balanço Patrimonial.
2. Prazos Médios.
3. Movimentação do CGP.
4. Demonstrativo da NCG.
5. Capacidade de Expansão.

Os **Indicadores Econômico-Financeiros** são divididos da seguinte forma:

1. de Liquidez;
2. Estrutura de Giro;
3. de Lucratividade;
4. de Rentabilidade;
5. do Ciclo Operacional;
6. do Equilíbrio Empresarial.

Os Quadros Analíticos e os Indicadores são, na verdade, as ferramentas que vamos utilizar para compreendermos o que efetivamente se passou na organização e, a partir daí, tomarmos as medidas corretivas para melhorar sua rentabilidade e liquidez.

O primeiro Quadro é a **Análise Vertical e Horizontal do Balanço Patrimonial**, que consiste em se calcular as variações percentuais das contas do Balanço. A análise vertical calcula o percentual de cada conta em relação ao total do Ativo e Passivo; a análise horizontal calcula as variações percentuais dessas contas comparadas ano a ano. Objetiva-se constatar, em uma primeira análise, as contas que tiveram variação mais significativa e estudar o porquê dessas alterações. Diz-se que esse tipo de análise "desperta" o interesse do profissional em saber o que aconteceu na empresa no período estudado.

O segundo Quadro é o cálculo do **Ciclo Financeiro** da empresa, ou seja, a apuração de seus prazos médios e a constatação — e posterior acompanhamento em número de dias médios — se a empresa recebe antes de pagar seus fornecedores, ou vice-versa. Objetiva-se verificar, em termos de dias médios, o período de tempo entre a compra de insumos e recebimento pela venda de produtos e/ou serviços (seu ciclo operacional) e o intervalo, em número de dias médios, entre o período de pagamento dos insumos e o do recebimento pela venda dos produtos e/ou serviços.

No terceiro Quadro, o de **Movimentação do CGP**, calcula-se o valor do capital de giro próprio que a empresa dispõe e sua variação ao longo do período estudado. Objetiva-se verificar a evolução de sua capacidade de gerar recursos próprios em função de sua necessidade de capital de giro.

No quarto Quadro, o de **Demonstrativo da Necessidade de Capital de Giro**, calculamos a NCG e o saldo de tesouraria. Esses dados, acrescidos do CGP e do Exigível a Longo Prazo, permitem-nos visualizar de que forma a empresa financiou-se ante suas necessidades e o que foi feito com os recursos obtidos. Um estudo de origem e aplicação de recursos.

O último Quadro, a **Capacidade de Expansão**, permite-nos simular situações por meio das quais a empresa define o nível de endividamento desejado e obtém como resultado: (i) o volume de vendas brutas; (ii) o de CGP; (iii) o de NCG; (iv) o de Ativo Permanente; e (v) o de Patrimônio Líquido previstos.

Uma vez elaborados os Quadros Analíticos, o passo seguinte consiste em elaborar um Conjunto de Indicadores divididos nos grupos já mencionados.

Apresentamos a seguir a descrição desses indicadores e o estudo da capacidade de expansão da empresa, os quais, somados à elaboração dos quadros analíticos, compõem o **Mapa de Acompanhamento do Capital de Giro (MACG)**.

1. Índices de Liquidez

Índice de Liquidez Corrente (ILC)

$$\text{ILC} = \frac{\text{Ativo Circulante}}{\text{Passivo Circulante}} = *$$

* Espera-se que esses valores sejam maior que 1.

Representa quanto os valores a receber (do Ativo), em menos de um ano, são suficientes para cobrir os valores a pagar (do Passivo) no mesmo período.

Índice de Liquidez Geral (ILG)

$$\text{ILG} = \frac{\text{Ativo Circulante + Realizável a Longo Prazo}}{\text{Ativo Circulante + Exigível a Longo Prazo}} = *$$

* Espera-se que esses valores sejam maior que 1.

Representa quanto os valores a receber (dos Ativos) são suficientes para cobrir os valores a pagar (do Passivo) no período de um ano.

Índice de Liquidez Seca (ILS)

$$\text{ILS} = \frac{\text{Ativo Circulante} - \text{Estoques}}{\text{Ativo Circulante}} = *$$

* Espera-se que esses valores sejam maior que 1.

Representa quanto os valores a receber (dos Ativos), menos os Estoques, são suficientes para cobrir os valores a pagar (do Passivo) no período de um ano.

2. Indicadores da Estrutura de Capital de Giro

Endividamento Bancário (EB)

EB = (NCG) – (CGP) =

Representa a diferença entre o valor que a empresa necessita e o que dispõe de capital de giro para continuar operando.

Financiamento da (NCG) (Fin. NCG)

$$\text{Fin. NCG} = \frac{(\text{CGP})}{(\text{NCG})} =$$

Mostra, em termos percentuais, quanto a empresa possui de recursos próprios para cobrir sua necessidade total de capital de giro.

Imobilização do Patrimônio Líquido (Imob. PL)

$$\text{Imob. PL} = \frac{\text{Ativo Permanente (AP)}}{\text{Patrimônio Líquido (PL)}} =$$

Mostra o grau de imobilização da empresa, ou seja, mostra, em termos percentuais, quanto representam os investimentos em imobilizado em relação ao patrimônio líquido.

Endividamento Bancário sem Patrimônio Líquido (EB PL)

$$\text{EB PL} = \frac{\text{EB}}{\text{PL}} =$$

Mostra o grau de endividamento da empresa, ou seja, mostra, em termos percentuais, qual o nível de endividamento em relação a seu patrimônio líquido.

3. Indicadores de Rentabilidade

Patrimonial (RPL)

$$\text{RPL} = \frac{\text{Lucro Líquido (LL)}}{\text{PL (LL)}} =$$

Representa, em termos percentuais, quanto o lucro líquido equivale em relação ao patrimônio líquido da empresa.

Operacional (ROP)

$$ROP = \frac{\text{Lucro Operacional (LO)}}{\text{Ativo médio}} =$$

Representa, em termos percentuais, quanto o lucro operacional equivale em relação ao Ativo da empresa.

4. Indicadores de Lucratividade

Margem Bruta (MB)

$$MB = \frac{\text{Lucro Bruto (LB)}}{\text{VL*}} =$$

* Vendas brutas menos devoluções, abatimentos e impostos.

Representa, em termos percentuais, quanto o valor do lucro bruto, isto é, receita de vendas menos custos de fabricação, equivale em relação às vendas líquidas.

Margem Operacional (MOP)

$$MOP = \frac{\text{Lucro Operacional (LO)}}{\text{VL*}} =$$

* Vendas brutas menos devoluções, abatimentos e impostos.

Representa, em termos percentuais, quanto o valor do lucro operacional, isto é, lucro bruto mais receitas e menos despesas financeiras, equivale em relação às vendas líquidas.

Margem sem Vendas (MV)

$$MV = \frac{\text{Lucro Líquido (LL)}}{\text{VL*}} =$$

* Vendas brutas menos devoluções, abatimentos e impostos.

Representa, em termos percentuais, quanto o valor do lucro líquido, isto é, lucro operacional menos o imposto de renda, equivale em relação às vendas líquidas.

5. Indicadores do Equilíbrio Empresarial

Importância do Capital de Giro (Imp. CG)

$$\text{Imp. CG} = \frac{\text{NCG}}{\text{VL*}} =$$

* Vendas brutas menos devoluções, abatimentos e impostos.

Representa, em termos percentuais, a importância do capital de giro em relação às vendas líquidas. Mostra se a NCG é relevante ou não para o negócio.

Capacidade de Cobertura (CCO)

$$\text{CCO} = \frac{\text{CGP + Exigível a Longo Prazo}}{\text{NCG}} =$$

Representa, em termos percentuais, a capacidade de a empresa cobrir sua necessidade de capital de giro por meio do somatório do capital de giro próprio mais o Exigível a Longo Prazo.

Dimensão do Capital de Giro Próprio (Dim. CGP)

$$\text{Dim. CGP} = \frac{\text{CGP} - \text{NCG}}{\text{VL*}} =$$

* Vendas brutas menos devoluções, abatimentos e impostos.

Representa, em número de meses, quanto a diferença entre o capital de giro próprio menos a necessidade de capital de giro equivale sobre suas vendas líquidas, ou seja, mostra a dimensão do capital de giro.

Impacto do Fluxo de Caixa (Imp. FL)

$$\text{Imp. FL} = \frac{\text{Tesouraria}}{\text{VL}^*} =$$

* Vendas brutas menos devoluções, abatimentos e impostos.

Representa, em termos percentuais, o impacto do saldo de tesouraria da empresa em relação às suas vendas líquidas.

Estudo da Capacidade de Expansão

A partir da situação atual da empresa, isto é, conhecendo sua necessidade de capital de giro atual, seu Ativo Permanente e patrimônio líquido, seu capital de giro próprio, seu nível de endividamento e conseqüente relação entre endividamento e patrimônio líquido, pode-se estimar o nível de endividamento desejado e o volume de vendas brutas a ser fixado como meta.

Assim, considerando as fórmulas apresentadas de uma situação atual desconfortável, pode-se objetivar um nível de endividamento e fixar uma meta de volume de vendas.

Para melhor compreensão do Modelo de Gestão de Capital de Giro proposto, baseado no **Mapa de Acompanhamento de Capital de Giro (MACG)**, apresentamos um **exemplo completo**, com base nos dados da Indústria MRCLB Ltda. (dados relativos a três anos).

DADOS INICIAIS

I — BALANÇO PATRIMONIAL

PERÍODOS	ANO 1	ANO 2	ANO 3
ATIVO			
CIRCULANTE			
CIRCULANTE FINANCEIRO			
Disponível	R$ 18.000	R$ 13.500	R$ 15.000
Aplicações Financeiras	R$ 71.000	R$ 50.000	R$ 36.000
Outros	R$ 2.000	R$ 1.500	R$ 1.000
Subsoma	**R$ 91.000**	**R$ 65.000**	**R$ 52.000**
CIRCULANTE OPERACIONAL			
Duplicatas a Receber	R$ 850.000	R$ 970.000	R$ 1.290.000
Estoques	R$ 450.000	R$ 550.000	R$ 800.000
Outros	R$ 0	R$ 0	R$ 0
Subsoma	**R$ 1.300.000**	**R$ 1.520.000**	**R$ 2.090.000**
Total Circulante	**R$ 1.391.000**	**R$ 1.585.000**	**R$ 2.142.000**
REALIZÁVEL A LONGO PRAZO	R$ 11.000	R$ 9.000	R$ 8.000
PERMANENTE			
Imóveis	R$ 180.000	R$ 183.000	R$ 185.000
Máquinas/Equipamentos	R$ 670.000	R$ 1.500.000	R$ 1.700.000
Veículos	R$ 41.000	R$ 43.000	R$ 45.000
Subsoma	**R$ 891.000**	**R$ 1.726.000**	**R$ 1.930.000**
Total Ativo	**R$ 2.293.000**	**R$ 3.320.000**	**R$ 4.080.000**

(continua)

(continuação)

PERÍODOS	ANO 1	ANO 2	ANO 3
PASSIVO			
CIRCULANTE FINANCEIRO			
Empréstimos Bancários	R$ 190.000	R$ 305.000	R$ 610.000
Duplicatas Descontadas	R$ 11.000	R$ 35.000	R$ 70.000
Subsoma	**R$ 201.000**	**R$ 340.000**	**R$ 680.000**
CIRCULANTE OPERACIONAL			
Fornecedores	R$ 400.000	R$ 550.000	R$ 800.000
Outras Obrigações	R$ 260.000	R$ 350.000	R$ 360.000
Subsoma	**R$ 660.000**	**R$ 900.000**	**R$ 1.160.000**
Total Circulante	**R$ 861.000**	**R$ 1.240.000**	**R$ 1.840.000**
EXIGÍVEL A LONGO PRAZO			
Impostos e Contribuições	R$ 270.000	R$ 370.000	R$ 500.000
C/C de Empresas Coligadas	R$ 112.000	R$ 250.000	R$ 200.000
Subsoma	**R$ 382.000**	**R$ 620.000**	**R$ 700.000**
PATRIMÔNIO LÍQUIDO			
Capital + Reservas	R$ 600.000	R$ 1.000.000	R$ 1.050.000
Lucros Acumulados	R$ 450.000	R$ 460.000	R$ 490.000
Subsoma	**R$ 1.050.000**	**R$ 1.460.000**	**R$ 1.540.000**
Total Passivo	**R$ 2.293.000**	**R$ 3.320.000**	**R$ 4.080.000**

2 — DEMONSTRATIVO DE RESULTADO

	ANO 1	ANO 2	ANO 3
Receita Líquida	**R$ 2.360.000**	**R$ 2.292.000**	**R$ 2.988.000**
(–) CMV	R$ 1.850.000	R$ 1.892.000	R$ 2.442.000
(=) Lucro Bruto	**R$ 510.000**	**R$ 400.000**	**R$ 546.000**
(–) Despesas Operacionais	R$ 250.000	R$ 235.000	R$ 280.000
(+) Outras Receitas Operacionais	R$ 10.000	R$ 6.000	R$ 3.000
(=) Lucro Antes do Resultado Financeiro	**R$ 270.000**	**R$ 171.000**	**R$ 269.000**
(+) Receitas Financeiras	R$ 1.800	R$ 2.800	R$ 500
(–) Despesas Financeiras	R$ 115.000	R$ 160.000	R$ 230.000
(=) Lucro Operacional	**R$ 156.800**	**R$ 13.800**	**R$ 39.500**
(+) Resultado Não Operacional	R$ 1.300	R$ 900	R$ 3.000
(=) Lucro Antes do IR	**R$ 158.100**	**R$ 14.700**	**R$ 42.500**
(–) IR (27,5%)	R$ 43.478	R$ 4.043	R$ 11.688
(=) Lucro Líquido	**R$ 114.623**	**R$ 10.658**	**R$ 30.813**

3 — DADOS COMPLEMENTARES

	ANO 1	ANO 2	ANO 3
Receita Bruta de Vendas	**R$ 3.200.000**	**R$ 2.900.000**	**R$ 3.800.000**
(–) Devoluções e Abatimentos	R$ 250.000	R$ 35.000	R$ 65.000
(=) Vendas Realizadas	**R$ 2.950.000**	**R$ 2.865.000**	**R$ 3.735.000**
(–) Impostos (20%)	R$ 590.000	R$ 573.000	R$ 747.000
(=) Receitas Líquidas	**R$ 2.360.000**	**R$ 2.292.000**	**R$ 2.988.000**
Despesas Operacionais			
De Vendas	R$ 65.000	R$ 55.000	R$ 80.000
Administrativas	R$ 145.000	R$ 150.000	R$ 150.000
Gerais	R$ 40.000	R$ 30.000	R$ 50.000
Subsoma	**R$ 250.000**	**R$ 235.000**	**R$ 280.000**
Compras	**R$ 1.560.000**	**R$ 1.500.000**	**R$ 2.100.000**
Estoques			
Matérias-primas	R$ 50.000	R$ 30.000	R$ 90.000
Produtos em Processo	R$ 220.000	R$ 250.000	R$ 450.000
Produtos Acabados	R$ 180.000	R$ 270.000	R$ 260.000
Subsoma	**R$ 450.000**	**R$ 550.000**	**R$ 800.000**

QUADROS ANALÍTICOS

A) BALANÇO PATRIMONIAL

PERÍODOS	ANO 1	Análise Vertical	ANO 2	Análise Vertical	Análise Horizontal	ANO 3	Análise Vertical	Análise Horizontal
ATIVO								
CIRCULANTE								
CIRCULANTE FINANCEIRO								
Disponível	R$ 18.000	1%	R$ 13.500	0%	– 25%	R$ 15.000	0%	11%
Aplicações Financeiras	R$ 71.000	3%	R$ 50.000	2%	– 30%	R$ 36.000	1%	– 28%
Outros	R$ 2.000	0%	R$ 1.500	0%	– 25%	R$ 1.000	0%	– 33%
Subsoma	**R$ 91.000**	**4%**	**R$ 65.000**	**2%**	**– 29%**	**R$ 52.000**	**1%**	**– 20%**
CIRCULANTE OPERACIONAL								
Duplicatas a Receber	R$ 850.000	37%	R$ 970.000	29%	14%	R$ 1.290.000	32%	33%
Estoques	R$ 450.000	20%	R$ 550.000	17%	22%	R$ 800.000	20%	45%
Outros	R$ 0	0%	R$ 0	0%	0%	R$ 0	0%	
Subsoma	**R$ 1.300.000**	**57%**	**R$ 1.520.000**	**46%**	**17%**	**R$ 2.090.000**	**51%**	**38%**
Total Circulante	**R$ 1.391.000**	**61%**	**R$ 1.585.000**	**48%**	**14%**	**R$ 2.142.000**	**53%**	**35%**

(continua)

(continuação)

PERÍODOS	ANO 1	Análise Vertical	ANO 2	Análise Vertical	Análise Horizontal	ANO 3	Análise Vertical	Análise Horizontal
REALIZÁVEL A LONGO PRAZO	**R$ 11.000**	**0%**	**R$ 9.000**	**0%**	**– 18%**	**R$ 8.000**	**0%**	**– 11%**
PERMANENTE								
Imóveis	R$ 180.000	8%	R$ 183.000	6%	2%	R$ 185.000	5%	1%
Máquinas/Equipamentos	R$ 670.000	29%	R$ 1.500.000	45%	124%	R$ 1.700.000	42%	13%
Veículos	R$ 41.000	2%	R$ 43.000	1%	5%	R$ 45.000	1%	5%
Subsoma	**R$ 891.000**	**39%**	**R$ 1.726.000**	**52%**	**94%**	**R$ 1.930.000**	**47%**	**12%**
Total Ativo	**R$ 2.293.000**	**100%**	**R$ 3.320.000**	**100%**	**45%**	**R$ 4.080.000**	**100%**	**23%**

(continua)

(continuação)

PERÍODOS	ANO 1	Análise Vertical	ANO 2	Análise Vertical	Análise Horizontal	ANO 3	Análise Vertical	Análise Horizontal
PASSIVO								
CIRCULANTE FINANCEIRO								
Empréstimos Bancários	R$ 190.000	8%	R$ 305.000	9%	61%	R$ 610.000	15%	100%
Duplicatas Descontadas	R$ 11.000	0%	R$ 35.000	1%	218%	R$ 70.000	2%	100%
Subsoma	**R$ 201.000**	**9%**	**R$ 340.000**	**10%**	**69%**	**R$ 680.000**	**17%**	**100%**
CIRCULANTE OPERACIONAL								
Fornecedores	R$ 400.000	17%	R$ 550.000	17%	38%	R$ 800.000	20%	45%
Outras Obrigações	R$ 260.000	11%	R$ 350.000	11%	35%	R$ 360.000	9%	3%
Subsoma	**R$ 660.000**	**29%**	**R$ 900.000**	**27%**	**36%**	**R$ 1.160.000**	**28%**	**29%**
Total Circulante	**R$ 861.000**	**38%**	**R$ 1.240.000**	**37%**	**44%**	**R$ 1.840.000**	**45%**	**48%**
EXIGÍVEL A LONGO PRAZO								
Impostos e Contribuições	R$ 270.000	12%	R$ 370.000	11%	37%	R$ 500.000	12%	35%
C/C de Empresas Coligadas	R$ 112.000	5%	R$ 250.000	8%	123%	R$ 200.000	5%	– 20%
Subsoma	**R$ 382.000**	**17%**	**R$ 620.000**	**19%**	**62%**	**R$ 700.000**	**17%**	**13%**
PATRIMÔNIO LÍQUIDO								
Capital + Reservas	R$ 600.000	26%	R$ 1.000.000	30%	67%	R$ 1.050.000	26%	5%
Lucros Acumulados	R$ 450.000	20%	R$ 460.000	14%	2%	R$ 490.000	12%	7%
Subsoma	**R$ 1.050.000**	**46%**	**R$ 1.460.000**	**44%**	**39%**	**R$ 1.540.000**	**38%**	**5%**
Total Passivo	**R$ 2.293.000**	**100%**	**R$ 3.320.000**	**100%**	**45%**	**R$ 4.080.000**	**100%**	**23%**

(continua)

(continuação)

B) PRAZOS MÉDIOS

	ANO 1	ANO 2	ANO 3	Variação %
PMV	88	105	118	35%
PMC	130	152	155	20%
PMPFo	92	132	137	49%
CO = PMV + PMC	**218**	**257**	**273**	**26%**
CF = CO – PMPFo	**126**	**125**	**136**	**9%**

C) MOVIMENTAÇÃO DO CGP

	ANO 1	ANO 2	ANO 3
PATRIMÔMIO LÍQUIDO	R$ 1.050.000	R$ 1.460.000	R$ 1.540.000
ATIVO PERMANENTE	R$ 891.000	R$ 1.726.000	R$ 1.930.000
CGP	**R$ 159.000**	**– R$ 266.000**	**– R$ 390.000**
VARIAÇÃO DO CGP		**– R$ 425.000**	**– R$ 124.000**

(continua)

(continuação)

D) I — DEMONSTRATIVO DA NCG NO ANO 1 e ANO 2

	ANO 1	ANO 2	Variação R$		ANO 1	ANO 2	Variação R$
Ativo Circulante				**Passivo Financeiro**			
Duplicatas a Receber	R$ 850.000	R$ 970.000	R$ 120.000	Empréstimos Bancários	R$ 190.000	R$ 305.000	R$ 115.000
Estoques	R$ 450.000	R$ 550.000	R$ 100.000	Duplicatas Descontadas	R$ 11.000	R$ 35.000	R$ 24.000
Outras	R$ 0	R$ 0	R$ 0				
Subsoma	**R$ 1.300.000**	**R$ 1.520.000**	**R$ 220.000**	**Subsoma**	**R$ 201.000**	**R$ 340.000**	**R$ 139.000**
Passivo Circulante				**Ativo Financeiro**			
Fornecedores	R$ 400.000	R$ 550.000	R$ 150.000	Disponibilidades	R$ 18.000	R$ 13.500	– R$ 4.500
Outras Obrigações	R$ 260.000	R$ 350.000	R$ 90.000	Aplicações Financeiras	R$ 71.000	R$ 50.000	– R$ 21.000
Subsoma	**R$ 660.000**	**R$ 900.000**	**R$ 240.000**	**Outros**	**R$ 2.000**	**R$ 1.500**	**– R$ 500**
				Subsoma	**R$ 91.000**	**R$ 65.000**	**– R$ 26.000**
NCG	**R$ 640.000**	**R$ 620.000**	**– R$ 20.000**				
CGP	**R$ 159.000**	**– R$ 266.000**	**– R$ 425.000**	**TESOURARIA**	**R$ 110.000**	**R$ 275.000**	**R$ 165.000**
Ativo Permanente	**R$ 891.000**	**R$ 1.726.000**	**R$ 835.000**	**Patrimônio Líquido**	**R$ 1.050.000**	**R$ 1.460.000**	**R$ 410.000**
Realizável a Longo Prazo	**R$ 11.000**	**R$ 9.000**	**– R$ 2.000**	**Exigível a Longo Prazo**	**R$ 382.000**	**R$ 620.000**	**R$ 238.000**
Total	**R$ 1.542.000**	**R$ 2.355.000**	**R$ 813.000**	**Total**	**R$ 1.542.000**	**R$ 2.355.000**	**R$ 813.000**

(continua)

(continuação)

D) II — DEMONSTRATIVO DA NCG NO ANO 2 e ANO 3

	ANO 2	ANO 3	Variação R$		ANO 2	ANO 3	Variação R$
Ativo Circulante				Passivo Financeiro			
Duplicatas a Receber	R$ 970.000	R$ 1.290.000	R$ 320.000	Empréstimos Bancários	R$ 305.000	R$ 610.000	R$ 305.000
Estoques	R$ 550.000	R$ 800.000	R$ 250.000	Duplicatas Descontadas	R$ 35.000	R$ 70.000	R$ 35.000
Outras	R$ 0	R$ 0	R$ 0				
Subsoma	**R$ 1.520.000**	**R$ 2.090.000**	**R$ 570.000**	Subsoma	**R$ 340.000**	**R$ 680.000**	**R$ 340.000**
Passivo Circulante				Ativo Financeiro			
Fornecedores	R$ 550.000	R$ 800.000	R$ 250.000	Disponibilidades	R$ 13.500	R$ 15.000	R$ 1.500
Outras Obrigações	R$ 350.000	R$ 360.000	R$ 10.000	Aplicações Financeiras	R$ 50.000	R$ 36.000	– R$ 14.000
Subsoma	**R$ 900.000**	**R$ 1.160.000**	**R$ 260.000**	Outros	**R$ 1.500**	**R$ 1.000**	**– R$ 500**
				Subsoma	**R$ 65.000**	**R$ 52.000**	**– R$ 13.000**
NCG	**R$ 620.000**	**R$ 930.000**	**R$ 310.000**				
CGP	**– R$ 266.000**	**– R$ 390.000**	**– R$ 124.000**	TESOURARIA	**R$ 275.000**	**R$ 628.000**	**R$ 353.000**
Ativo Permanente	**R$ 1.726.000**	**R$ 1.930.000**	**R$ 204.000**	Patrimônio Líquido	**R$ 1.460.000**	**R$ 1.540.000**	**R$ 80.000**
Realizável a Longo Prazo	**R$ 9.000**	**R$ 8.000**	**– R$ 1.000**	Exigível a Longo Prazo	**R$ 620.000**	**R$ 700.000**	**R$ 80.000**
Total	**R$ 2.355.000**	**R$ 2.868.000**	**R$ 513.000**	Total	**R$ 2.355.000**	**R$ 2.868.000**	**R$ 513.000**

INDICADORES ECONÔMICO-FINANCEIROS

A) DE LIQUIDEZ

		Fórmulas	ANO 1	ANO 2	ANO 3
Corrente	Índice	AC/PC	1,62	1,28	1,16
Geral	Índice	AC + RLP/ PC + ELP	1,13	0,86	0,85
Seca	Índice	AC – EST/ PC	1,09	0,83	0,73

B) DA ESTRUTURA DE GIRO

		Fórmulas	ANO 1	ANO 2	ANO 3
Endividamento Bancário	R$	NCG – CGP	R$ 481.000	R$ 886.000	R$ 1.320.000
Financiamento da NCG	%	CGP/NCG	25%	– 43%	– 42%
Imobilização do PL	%	AP/PL	85%	118%	125%
Endividamento Bancário sem PL	%	End. Banc./ PL	46%	61%	86%

C) DA LUCRATIVIDADE

			ANO 1	ANO 2	ANO 3
Margem Bruta	%	LB/VL	21,6%	17,5%	18,3%
Operacional	%	LO/VL	6,6%	0,6%	1,3%
Sobre Vendas	%	LL/VL	4,9%	0,5%	1,0%

D) RENTABILIDADE

			ANO 1	ANO 2	ANO 3
Patrimonial	%	LL/PL – LL	12,3%	0,7%	2,0%
Operacional	%	LO/AT médio		0,5%	1,1%

(continua)

(continuação)

E) CICLO FINANCEIRO

			ANO 1	ANO 2	ANO 3
Prazo Médio de Vendas	Dias	PMV	88	105	118
Prazo Médio de Cobrança	Dias	PMC	130	152	155
Prazo Médio de Pagamento	Dias	PMP	92	132	137
CICLO OPERACIONAL	Dias	CO	217	257	273
CICLO FINANCEIRO	Dias	CF	125	125	136

F) EQUILÍBRIO EMPRESARIAL

			ANO 1	ANO 2	ANO 3
Importância do Capital de Giro	%	NCG/ Vendas Líquidas	27%	27%	31%
Capacidade de Cobertura	%	CGP + Ex. LP/NCG	85%	57%	33%
Dimensão do CGP	Meses	CGP – NCG/ Vendas Líquidas	– 2,4%	– 4,6%	– 5,3%
Impacto do Fluxo de Caixa	%	Tesouraria/ Vendas Líquidas	5%	12%	21%
NCG	R$	NCG	R$ 640.000	R$ 620.000	R$ 930.000
TESOURARIA	R$	Tesouraria	R$ 110.000	R$ 275.000	R$ 628.000
EXIGÍVEL A LONGO PRAZO	R$	Exigível a longo prazo	R$ 382.000	R$ 620.000	R$ 700.000
CGP	R$	CGP	R$ 159.000	R$(266.000)	R$ (390.000)

QUADRO ANALÍTICO

ESTUDO DA CAPACIDADE DE EXPANSÃO

Nível de endividamento desejado em relação às vendas brutas (VB) = 0,5

1) Atual	NCG = VB/4,086 =	R$ 930.000	2) Desejado	R$ 743.321
	AP = 0,508 VB =	R$ 1.930.000		R$ 1.542.591
	PL = 1.460.000 + 0,021 VB =	R$ 1.540.000		R$ 1.523.942
	CGP = PL – AP =	R$ (390.000)		R$ (18.650)
	EB = NCG – CGP =	R$ 1.320.000		R$ 761.971
	EB/PL =	86%		50%
	VB =	R$ 3.800.000		R$ 3.037.226

Análise do Quadro Analítico A — Balanço Patrimonial

Observe que:

Seus Ativos (do ponto de vista de giro), ou seus investimentos, aumentaram cerca de 76%, ou seja, R$ 1.787.000, passando de R$ 2.293.000 para R$ 4.080.000. Dois itens contribuíram significativamente com esse aumento: Duplicatas a Receber, com crescimento de R$ 440.000 (52%), e Estoques, com 78% ou R$ 350.000 de acréscimo.

O terceiro item, e o que mais contribuiu para o aumento, foi, sem dúvida, a aplicação em máquinas e equipamentos, com mais de R$ 1.000.000 ou 154% de acréscimo em relação ao valor de 2001.

Pergunta-se: *Como a MRCLB conseguiu recursos para esses investimentos, ou seja, como obteve financiamento para equilibrar suas contas?*

Do lado do Passivo, os acionistas colocaram de aporte de capital R$ 450.000 ou 75% a mais do saldo de 2001; o endividamento bancário de curto prazo cresceu em R$ 479.000 ou 238%, e o de longo prazo (Exigível a Longo Prazo), em mais R$ 318.000.

A empresa conseguiu mais R$ 400.000 em financiamento com seus fornecedores e demais obrigações. Note que o lucro, o qual poderia ser uma fonte de recursos, foi pequeno no período, ou seja, R$ 40.000.

Ao se analisar o Balanço Patrimonial da ótica "do giro", é importante verificar o que "aconteceu" na empresa, por meio das variações de suas contas patrimoniais. Neste caso, os Ativos aumentaram R$ 1.787.000, mostrando o que a empresa investiu em recursos.

Pergunta-se, também: *Onde se concentrou esse recurso? Em estoques? Em prazos dados aos clientes por meio das Duplicatas a Pagar? Ou em máquinas?*

E ainda: *De onde vieram esses investimentos, como eles se financiaram? Qual o papel dos acionistas? Aportaram capitais? Como se modificou seu nível de endividamento de curto e longo prazos? E suas obrigações a pagar? Valeram a pena? O lucro foi satisfatório?*

Todas essas questões precisam ser respondidas com a análise dos quadros seguintes.

Análise do Quadro Analítico B — Prazos Médios

Observe que:

A MRCLB possui ciclo financeiro longo, acima de 125 dias (quatro meses), o qual tem aumentado com os anos, passando a 136 dias em 2003 (9%). No período, a empresa teve o prazo médio de cobrança acrescido em 20%, o que demonstra dificuldade de vendas. E, especificamente, o aumento do prazo médio de vendas foi de 30 dias ou 35%.

A carteira de fornecedores, por sua vez, teve ganhos de 49% de prazo no período, o que veio a minimizar o efeito do maior prazo médio oferecido em Duplicatas a Receber. No entanto, esse "ganho" nas negociações foi anulado pelo prazo médio de vendas, por meio do qual seus estoques só aumentaram.

Pergunta-se: *A empresa está perdendo eficiência na produção? O que explica o elevado nível de estoque? Uma exigência de mercado?*

De qualquer forma, a MRCLB perdeu grande oportunidade de reduzir seu ciclo de caixa com a não-redução dos estoques (ao contrário, tiveram aumento de R$ 350.000 ou 78%).

Análise do Quadro Analítico C — Movimentação do CGP

Observe que:

O CGP tem diminuído ao longo do tempo, passando de R$ 129.000 positivo para R$ 390.000 negativo em dois anos, ou seja, 402% a menos. O problema não está nas contas operacionais "de giro", mas no alto grau de imobilização da empresa, que teve seu Ativo Permanente mais do que dobrado, sendo acrescido em R$ 1.039.000 no período de dois anos.

Análise do Quadro Analítico DI — Demonstração da NCG no Ano 1 e Ano 2

Observe que:

Em 2001, a NCG foi de R$ 640.000, e a empresa dispunha de CGP de R$ 159.000, faltando, portanto, R$ 481.000 para se financiar. A empresa obteve R$ 110.000 a curto prazo (saldo de tesouraria) e o restante, R$ 382.000, a longo prazo (saldo do exigível a longo prazo).

Em 2002, a NCG foi de R$ 620.000, e a empresa dispunha de CGP negativo de R$ 266.000, faltando, portanto, R$ 886.000 para se financiar. Desse total, a empresa obteve R$ 275.000 no curto prazo (saldo de tesouraria) e o restante, R$ 620.000, no longo prazo (saldo do exigível a longo prazo).

De 2001 para 2002, a NCG da empresa praticamente estabilizou-se em R$ 630.000. Por sua vez, a empresa tinha CGP positivo em 2001 e, no ano seguinte, apresentou CGP negativo. Pergunta-se: *O que aconteceu com a MRCLB em 2002?*

A empresa investiu "pesado" em máquinas e equipamentos, seu Ativo Permanente aumentou em R$ 835.000, seus acionistas aportaram R$ 410.000 de capital — que estão refletidos na variação de seu Patrimônio Líquido. E a diferença veio por intermédio do endividamento bancário, pois foram obtidos R$ 895.000 de recursos a mais via instituições financeiras, sendo, desse total, R$ 620.000 de recursos a longo prazo e R$ 275.000 de recursos a curto prazo.

Note que a variação de R$ 835.000 do Ativo Permanente (com a compra de máquinas e equipamentos) foi financiada (50%) com recursos dos acionistas, os quais investiram na empresa R$ 410.000; o restante foi financiado com aumento de endividamento de R$ 165.000 a curto prazo e R$ 238.000 a longo prazo.

Análise do Quadro Analítico DII — Demonstração da NCG no Ano 2 e Ano 3

Observe que:

Em 2002, a NCG foi de R$ 620.000, e a empresa dispunha de CGP negativo de R$ 266.000, faltando, portanto, R$ 886.000 para se financiar. Desse total, a empresa obteve R$ 275.000 a curto prazo (saldo de tesouraria) e o restante, R$ 620.000, a longo prazo (saldo do exigível a longo prazo).

Em 2003, a situação foi bem pior: a NCG foi de R$ 930.000, e a empresa dispunha de CGP negativo de R$ 390.000, faltando, portanto, R$ 1.320.000 para se financiar. Desse total, a empresa obteve R$ 628.000 a curto prazo (saldo de tesouraria) e o restante, R$ 700.000, a longo prazo (saldo do exigível a longo prazo).

A situação financeira da empresa exigiu mais recursos, e sua rentabilidade, que poderia contribuir para sua capitalização, manteve-se estável (de 0,4% para 1% de margem de lucro). A NCG aumentou em R$ 310.000, acrescido de uma variação de Ativo Permanente de R$ 204.000, perfazendo um total maior de investimentos de R$ 513.000.

Em 2003, os recursos obtidos ficaram equilibrados entre os de curto e os de longo prazos, ao passo que, em 2002, a empresa financiou-se mais a longo prazo.

Pressupõe-se que a empresa teve de aumentar sua carteira de Duplicatas a Receber e não conseguiu reduzir estoques; por conseguinte, comprometeu sua NCG. O ganho com a conta fornecedora e demais obrigações não foi suficiente para compensar o investimento maior em duplicatas e estoques.

De 2002 para 2003, a empresa obteve mais recursos, ou seja, financiou-se mais a curto prazo, pois os acionistas não aportaram capital no volume suficiente e o exigível a longo prazo aumentou em R$ 80.000, enquanto a curto prazo o aumento foi de R$ 353.000.

Análise do Quadro Analítico Capacidade de Expansão

1) Atual	NCG = VB/4,086 =	R$ 930.000	**2) Desejado**	R$ 743.321
	AP = 0,508 VB =	R$ 1.930.000		R$ 1.542.591
	PL = 1.460.000 + 0,021 VB =	R$ 1.540.000		R$ 1.523.942
	CGP = PL – AP =	R$ (390.000)		R$ (18.650)
	EB = NCG – CGP =	R$ 1.320.000		R$ 761.971
	EB/PL =	86%		50%
	VB =	R$ 3.800.000		R$ 3.037.226

Supondo que a empresa queira reduzir seu nível de endividamento de 86%, em relação ao seu Patrimônio Líquido, para 50%, o estudo da capacidade de expansão nos mostra que sua venda se reduziria aproximadamente em 20% (R$ 800.000), da mesma forma que seu Ativo Permanente.

O objetivo de endividar-se menos passa por faturar menos e reduzir Ativos, o que não é uma decisão fácil de ser tomada pelos empresários, mas que deve ser levada em consideração.

Capítulo 6

POLÍTICAS FINANCEIRAS PARA APLICAÇÃO

6.1 COMPOSIÇÃO DAS ESTRUTURAS PATRIMONIAIS

O administrador financeiro deve procurar estabelecer políticas de administração do capital de giro baseadas em ações que possam ser tomadas a partir da estrutura patrimonial da empresa. Deve garantir sua solvência ou a capacidade de saldar seus compromissos de curto e longo prazos em dia.

Para isso, é preciso conhecer os três grandes grupos que compõem sua estrutura patrimonial (os grupos Circulantes, divididos em Circulante Financeiro e Operacional, e o grupo Permanente — conforme já visto anteriormente). Assim, objetivando sua perfeita compreensão, vamos rever esses grupos em um exemplo de Balanço Patrimonial a seguir.

ATIVO	1	2	3	PASSIVO	1	2	3
Circulante Financeiro	100	30	120	Circulante Financeiro	100	200	80
Circulante Operacional	500	600	640	Circulante Operacional	500	550	600
TOTAL CIRCULANTE	**600**	**630**	**760**	**TOTAL CIRCULANTE**	**600**	**750**	**680**
Ativo Permanente	400	520	520	Patrimônio Líquido	400	400	600
TOTAL	**1.000**	**1.150**	**1.280**	**TOTAL**	**1.000**	**1.150**	**1.280**

Quadro 6.1 Síntese de capital de giro

PERÍODOS	ATIVO CIRCULANTE TOTAL	=	ATIVO CIRCULANTE OPERACIONAL	+	ATIVO CIRCULANTE FINANCEIRO
1	600	=	500	+	100
2	630	=	600	+	30
3	760	=	640	+	120
	PASSIVO CIRCULANTE TOTAL	=	PASSIVO CIRCULANTE OPERACIONAL	+	PASSIVO CIRCULANTE FINANCEIRO
1	600	=	500	+	100
2	750	=	550	+	200
3	680	=	600	+	80
	CCL	=	NIG	+	SD
1	0	=	0	+	0
2	(120)	=	50	+	(170)
3	80	=	40	+	40
	NTF	=	NIG	+	ATIVO PERMANENTE
1	400	=	0	+	400
2	570	=	50	+	520
3	590	=	40	+	520

Observe que:

No período 1, sua estrutura patrimonial está em equilíbrio, de modo que, inicialmente, o Ativo Financeiro equivale-se ao Passivo Financeiro. Seu caixa, bancos e aplicações financeiras são iguais aos valores de seus empréstimos, financiamentos e descontos de duplicatas.

As contas de giro também se equivalem; os investimentos em estoques, contas a receber e adiantamentos são iguais aos financiamentos obtidos com fornecedores e demais obrigações a pagar.

Por fim, o Ativo Permanente, ou investimentos em imobilizado, iguala-se ao Patrimônio Líquido, que soma capital, reservas mais lucros e os compromissos de longo prazo. A empresa possui CCL = NIG.

No período 2, sua estrutura patrimonial apresenta desequilíbrios. O Passivo Financeiro é maior que o Ativo Financeiro. O endividamento de curto prazo dobrou diante da redução dos saldos de caixa e aplicações (200 > 30).

Os investimentos em giro foram maiores que os financiamentos obtidos (subiu o nível de estoques, de duplicatas a receber?). Por que os financiamentos não acompanharam os investimentos? Possível dificuldade de negociação? (640 > 550).

O Ativo Permanente subiu 30% e não houve aumento correspondente do lado do Passivo Permanente. A empresa investiu em máquinas e equipamentos, e os recursos não foram obtidos pela via dos acionistas ou financiamentos de longo prazo (520 > 400).

Mas como os recursos foram obtidos? Do endividamento de curto prazo (Circulante Financeiro), calcule?

Note que o CCL é negativo em 120, e a NCG é positiva em 50. Seu saldo disponível é negativo em 170, o que evidencia uma posição de risco com potenciais problemas de insolvência. Caso a empresa tenha dificuldades em renovar seus compromissos de curto prazo devido a incertezas na economia ou contenção de crédito bancário, não honrará seus compromissos em dia.

A empresa possui **NIG > CCL** e uma NTF de 570.

No período 3, seu Passivo Permanente aumentou 50%, totalizando 600. Não houve, por parte do Ativo Permanente, maiores investimentos. Supondo que os acionistas não aportaram capital, a empresa aumentou seu endividamento de longo prazo.

Paralelamente, o endividamento de curto prazo reduziu-se em 60%, o que demonstra que a empresa "trocou" sua dívida de curto prazo pela de longo prazo. Do ponto de vista da liquidez, houve ganhos, apesar de se pagarem juros mais elevados.

No que se refere às contas de giro, os investimentos superaram os financiamentos e o CCL foi de 80. A NCG reduziu-se em 10, totalizando 40. O saldo disponível é positivo em 40, o que significa que a empresa pode dobrar sua NCG sem comprometer seu CGL.

Nessas circunstâncias, **a CCL é maior que a** NCG (80 > 40), e o ideal é a menor diferença possível entre essas variáveis.

Em resumo, não existe uma fórmula pronta: é preciso conhecer a empresa por meio de sua estrutura patrimonial, estar a par da conjuntura econômica, principalmente com relação à taxa de juros e de câmbio, e saber relacionar a conjuntura econômica com o ambiente de negócios no qual a organização está inserida.

Para os grandes estrategistas, não existe estratégia financeira certa ou errada, mas estratégia que deu certo e que deu errado. Em certos momentos, sacrifica-se a liquidez em detrimento da expansão das vendas e crescimento da empresa; em outros, o crescimento deve ser mais lento em função do capital de giro insuficiente ou da necessidade de capitalizar-se.

Deve-se evitar empresas que têm produtos de qualidade comprovada, com boa aceitação e penetração de mercado, mas que são financeiramente insolventes. Normalmente, a razão principal desse fato foi seu crescimento rápido sem capital de giro suficiente para financiar a velocidade de crescimento. Nessas condições, o nível de endividamento e os juros pagos aumentam, podendo levar a empresa a ter lucros menores e não ter condições de honrar seus compromissos em dia.

Outra coisa a ser lembrada é: deve-se priorizar o lucro, e não o faturamento.

6.2 POLÍTICAS DE FINANCIAMENTO DO INVESTIMENTO EM CAPITAL DE GIRO

Podemos considerar uma situação ideal, na qual a NTF (composta pela NCG de natureza fixa mais o Ativo Permanente) seja totalmente coberta pelo Passivo Permanente (composto pelo Exigível a Longo Prazo mais o Patrimônio Líquido).

A empresa está em equilíbrio financeiro, isto é, o Ativo Permanente e a NCG de natureza fixa estão "financiados" por recursos obtidos a longo prazo, e a NCG de natureza sazonal é coberta por empréstimos de curto prazo, representados no Passivo Financeiro.

Essa situação equilibra perfeitamente os prazos de investimento com os de financiamento, permitindo à empresa manter sua velocidade de crescimento sem comprometer a gestão financeira. O quadro a seguir representa essa situação.

Quadro 6.2 Equilíbrio financeiro

INVESTIMENTOS	FONTES DE FINANCIAMENTO
NCG sazonal	Passivo Financeiro Exigível a Curto Prazo
NCG fixa Ativo Permanente	Passivo Permanente Exigível a Longo Prazo + Patrimônio Líquido

A empresa poderá estar em situação de desequilíbrio financeiro de duas formas: na primeira (a), os Passivos Financeiros estão cobrindo parte da NCG permanente; na segunda (b), estão cobrindo a totalidade da NCG e parte do Ativo Permanente.

A maioria dos negócios possui "picos" de vendas (por exemplo, brinquedos no período de outubro a dezembro, cervejas e refrigerantes no primeiro trimestre do ano, chocolates na Páscoa etc.), exigindo um capital de giro extra, adicional, para suprir a necessidade de curto prazo. Chamamos essa parcela da NCG de sazonal.

As duas formas de desequilíbrio financeiro são muito comuns. É por meio desses desequilíbrios que recursos de curto prazo são obtidos para financiar investimentos de maior maturidade. Com isso, o risco da empresa aumenta, pois quanto maior for a participação de recursos de curto prazo na estrutura de financiamento de Ativos Permanentes, maior será o risco de insolvência dela.

Quadro 6.3 Desequilíbrio financeiro (a)

INVESTIMENTOS	FONTES DE FINANCIAMENTO
NCG sazonal NCG fixa	Passivo Financeiro Exigível a Curto Prazo
NCG fixa Ativo Permanente	Passivo Permanente Exigível a Longo Prazo + Patrimônio Líquido

Ressalte-se que a dependência de financiamentos de curto prazo é preocupante, pois fatores externos à empresa, tais como crescimento da economia, taxas de juros e de câmbio, podem impedir a "rolagem" de suas dívidas. Além disso, variações da inflação e conturbações externas podem inibir o volume de crédito oferecido pelos bancos no curto prazo.

Quadro 6.4 Desequilíbrio financeiro (b)

INVESTIMENTOS	FONTES DE FINANCIAMENTO
NCG sazonal NCG fixa Ativo Permanente	Passivo Financeiro Exigível a Curto Prazo
Ativo Permanente	Passivo Permanente Exigível a Longo Prazo + Patrimônio Líquido

Capítulo

7

FONTES DE FINANCIAMENTO

7.1 CARACTERÍSTICAS BÁSICAS

As empresas dispõem de duas fontes principais de recursos para suprir sua necessidade de capital de giro: internas e externas.

As fontes internas, consideradas espontâneas, são aquelas derivadas do negócio da empresa, com lucros, rotatividade dos itens circulantes (prazo médio de pagamentos > prazo médio de recebimentos) e *sale lease back.* As fontes externas, por sua vez, podem ser divididas entre as de recursos próprios e de terceiros.

Resumidamente, temos:

- Fontes internas (espontâneas): lucros
  rotatividade dos itens circulantes
  sale lease back
- Fontes externas: recursos próprios
  recursos de terceiros

7.2 PRODUTOS ESPECÍFICOS

7.2.1 *Hot Money*

São empréstimos de curtíssimo prazo, diários, objetivando suprir necessidades de caixa das empresas. O *hot money* tem como referência a taxa do Certificado de Depósito Interbancário (CDI), acrescido do *spread* a ser cobrado pela instituição financeira que está intermediando a operação, mais IOF calculado sobre a repactuação diária da taxa de juro.

EXEMPLO 1:

Uma empresa precisa de R$ 3.000.000 por dois dias úteis. As taxas de *over* mensais são de 1,8% e 2,15%, respectivamente. São considerados 23 dias úteis no período da operação. O banco cobra *spread* de 0,07% ao dia, o IOF é de 0,0037% ao dia, descontado antecipadamente. Os juros e o *spread* são acumulados ao montante da dívida e pagos ao final da operação. Calcular os valores recebidos e pagos pela empresa.

Resolução:

1° dia	
Empréstimo	3.000.000
IOF: 3.000.000 x 0,0037% =	111
Valor liberado	**2.999.889**
Juros + *spread*: 3.000.000 x [0,018/30 + 0,0007] =	3.900
Saldo devedor	**3.003.789**

2° dia	
Empréstimo	3.003.789
IOF: 3.003.789 x 0,0037%	111,14
Valor liberado	**3.003.677,86**
Juros + *spread*: 3.003.789 x [0,0215/30 + 0,0007] =	4.255,36
Saldo devedor	**3.007.933,22**

7.2.2 Desconto de Duplicatas, Notas Promissórias e *Factoring*

São operações de desconto que relacionam negociação de um título representativo de um crédito em algum momento anterior à data de vencimento. ASSAF NETO (1999) define-os como uma cessão dos direitos existentes sobre um título em troca de alguma compensação financeira.

Comumente, nessas operações, são cobrados juros antecipados, IOF e uma taxa de abertura de crédito (TAC) para cobrir despesas operacionais dos bancos.

EXEMPLO 2:

Uma empresa deseja descontar uma duplicata no valor de R$ 50.000 com vencimento em 60 dias. A taxa de juros oferecida pelo banco é de 3,7% ao mês, o IOF é de 0,0037% ao dia e não foi cobrada a TAC de 1%. Calcular a taxa de juros efetiva.

Resolução:

Valor da duplicata	**50.000**
Desconto: 50.000 x 0,037 x 60	3.700
IOF: 50.000 x 0,000037 x 60	111
Valor liberado	**46.189**
Taxa de juros efetiva: 1 = [50.000/46.189] – 1 = 8,25% no período	4,04% ao mês

7.2.3 *Commercial Papers*

Os *commercial papers* são títulos privados emitidos por empresas objetivando captar recursos para financiar necessidades de capital de giro. A emissão desses papéis é regulamentada pela Comissão de Valores Mobiliários (CVM), e a empresa, além de pagar juros aos investidores, desembolsa valores relativos a comissões e despesas diversas, tais como publicações, taxas de registro etc.

As empresas podem negociar esses títulos diretamente com o mercado (fundos de investimento, bancos etc.), representando uma opção adicional às operações de *hot money* ou desconto de duplicatas — citados anteriormente. Os *commercial papers* têm prazo médio acima de 180 dias e costumam ser negociados com desconto, sendo seu valor nominal pago por ocasião do resgate.

EXEMPLO 3:

Uma empresa emite R$ 1.500.000 em *commercial papers* por 180 dias. Oferece taxa de juros de 1,5% ao mês, ou 9,34% ao semestre, e paga mais 0,35% do valor da emissão referente às despesas diversas. Calcular o valor recebido pela empresa e os custos mensais da operação.

Resolução:

Valor nominal	**1.500.000**
Desconto: 1.500.000 x 9,34%	140.100
Despesas diversas: 1.500.000 x 0,35%	5.250
Valor recebido:	**1.354.650**
Custo efetivo: I = (1.500.000/1.354.650) – 1 =	**1,71% ao mês**

7.2.4 Conta Garantida e o Método Hamburguês

É um tipo de conta de crédito rotativo por meio do qual o cliente saca a descoberto (ou seja, saca valores sem ter saldo de caixa na conta corrente) e os juros são calculados periodicamente sobre o saldo médio utilizado. A determinação dos juros em geral é feita por capitalização simples pelo método "hamburguês".

EXEMPLO 4:

Uma empresa obteve a conta garantida no valor de R$ 200.000 por 30 dias. Na abertura de crédito, será cobrada uma TAC de 1% (cobrada no ato e incidente sobre o limite), bem como serão cobrados encargos financeiros de 3,5% ao mês, conforme tabela a seguir. Calcular os juros pagos e o custo da operação.

Data	Histórico	Débito/ Crédito	Saldo devedor	N.º de dias	N.º de dias x Saldo devedor
1/05	TAC	2.000 (D)	2.000	—	—
1/05	SAQUE	100.000 (D)	102.000	7	714.000
12/05	SAQUE	70.000 (D)	172.000	15	2.580.000
22/05	DEPÓSITO	25.000	147.000	3	441.000
25/05	SAQUE	50.000	197.000	5	985.000
30/05	JUROS: 0,037/30 x 4.720.000	5.821,33			
		TOTAL MÊS:			**4.720.000**
	CUSTO EFETIVO: [198.000/205.821,33] – 1 =	**3,8% ao mês**			

7.2.5 *Sale Lease Back*

O *sale lease back* é uma alternativa menos comum de financiamento de capital de giro, pois depende da disponibilidade de um Ativo para vender à empresa de *leasing* e de um contrato de arrendamento do bem.

DI AGUSTINI (1996) aponta inúmeras vantagens dessa operação para a empresa, entre as quais destacamos:

Longo prazo para pagamento (24 meses);

Possibilidade de continuar usando normalmente o bem após contrato;

Garantia de recomprar o bem ao final do contrato pelo valor residual;

Redução do ativo imobilizado;

Liberação de capital de giro equivalente a praticamente 100% do valor do bem.

7.2.6 Operações de *Vendor*

É uma opção de financiamento de vendas a prazo cuja característica é a cessão de crédito, permitindo que a empresa venda seu produto a prazo e receba à vista. O banco, mediante uma taxa de intermediação, compra o crédito da empresa vendedora, pagando-o à vista, e financia a empresa compradora, com interveniência ou garantia da empresa vendedora. Cobra-se IOF nessas operações.

DI AGUSTINI (1996) aponta as principais vantagens, por agente participante, de uma operação de *vendor*. São elas:

Empresa vendedora:

Venda não financiada com recursos de seu capital de giro;

Diminuição da base de cálculo para a cobrança de impostos, comissão de vendas e pagamento de royalties, se a empresa possuir licença de fabricação;

Recebimento à vista, eliminando a dependência de capital de giro de terceiros.

Empresa compradora:

Maior flexibilidade de prazo no financiamento de suas compras;

Melhor condição de compra em relação ao preço;

Em algumas condições, pode conseguir uma taxa de financiamento menor do que as alternativas de financiamento de capital de giro disponíveis.

Exercícios Propostos

Parte II

1) Qual a diferença entre o curto e o longo prazo considerado nas contas do Balanço Patrimonial?

2) Explique as diferenças de enfoque entre as abordagens contábil e financeira nas contas de Ativo e Passivo.

3) Explique de que forma (ou por que) os desembolsos com Estoque e Contas a Receber são considerados "investimentos".

4) Explique de que forma (ou por que) os desembolsos com Fornecedores e Impostos a Pagar são considerados "fontes ou financiamento de recursos".

5) Explique as diferenças entre os grupos contábeis:

   a) Circulante Operacional e Financeiro.

   b) Circulante e Permanente.

6) Qual das alternativas a seguir representa sobra de recursos para a empresa? Justifique.

   a) ACO > PCO.

   b) ACO = PCO.

   c) ACO < PCO.

7) Considerando Investimentos de recursos (I) e Financiamento de recursos (F), preencha os campos a seguir relacionados:

   ( ) Duplicatas a Receber

   ( ) Estoques

   ( ) Caixa e Bancos

   ( ) Fornecedores a Pagar

   ( ) Aplicações Financeiras

   ( ) Impostos a Pagar

   ( ) Adiantamentos de Clientes

8) Com base no Balanço Patrimonial seguinte, calcule o Ciclo Operacional e o Ciclo de Caixa da empresa.

A — Indústria de Alimentos Papeloc Ltda.

I — BALANÇO PATRIMONIAL 2004

Ativo	
Circulante Financeiro	
Disponível	4.200
Aplicações Financeiras	120.000
Subsoma	124.200
Circulante Operacional	
Duplicatas a Receber	53.000
Estoques	115.000
Subsoma	**168.000**
Total Ativo Circulante	**292.200**
Realizável a Longo Prazo	**23.000**
Permanente	
Investimentos	140.000
Imobilizado	760.000
Diferido	—
Subsoma	**900.000**
Total Ativo	**1.192.200**
Passivo	
Circulante Operacional	
Fornecedores	310.000
Outras Obrigações	20.500
Subsoma	**330.500**
Circulante Financeiro	
Empréstimos Bancários	8.500
Duplicatas Descontadas	700
Subsoma	**9.200**
Total Passivo Circulante	**339.700**

(continua)

(continuação)

Exigível a Longo Prazo	
Empréstimos	57.000
Financiamentos	12.000
Subsoma	**69.000**
Capital Terceiros	
Patrimônio Líquido	
Capital + Reservas	843.500
Lucros Acumulados	– 60.000
Subsoma	**783.500**
Total Passivo	**1.192.200**

2 — DEMONSTRAÇÃO DE RESULTADOS 2004

Receita Líquida	**1.160.000**
(–) CMV	780.000
= Lucro Bruto	**380.000**
(–) Despesas Operacionais	299.000
(+) Outras Receitas Operacionais	7.000
= Lucros Operacionais antes do Resultado Financeiro	**88.000**
(+) Receitas Financeiras	17.000
(–) Despesas Financeiras	135.000
= Lucro Operacional	**– 30.000**
(+) Resultado não Operacional	– 25.000
= Lucro antes do IR	**– 55.000**
= Lucro Líquido	**– 55.000**

3 — DADOS COMPLEMENTARES 2004

Receitas Brutas Vendas	**1.600.000**
(–) Impostos	440.000
= Vendas Realizadas	**1.160.000**
= Receitas Líquidas	**1.160.000**
(+) Outras Receitas Operacionais	7.000
(–) Receita da Equivalência Patrimonial	– 22.000
(+) Ganhos com Inflação	57.000
Subsoma	**1.202.000**

(continua)

(continuação)

Despesas Operacionais	
De Vendas	159.000
Administrativas	185.000
Gerais	26.000
Subsoma	**229.000**
Consumo de matéria-prima	271.396
Compras	542.791
Estoques	
Matérias-primas	17.000
Produtos em processo	29.000
Produtos acabados	71.000
Subsoma	**115.000**

9) Quanto deveria ser o volume de vendas e a necessidade de capital de giro da MRCLB supondo um endividamento bancário de 50% sobre o Patrimônio Líquido?

10) Que medidas corretivas você tomaria para melhorar a situação econômica e financeira da empresa MRCLB?

11) Explique quais são os quatro subfluxos que devem compor o Fluxo de Caixa.

12) Explique de que forma liquidez e rentabilidade são conflitantes.

13) Explique as diferenças entre CGP e NCG.

14) Quais os Quadros Analíticos que compõem o método de análise de capital de giro da empresa?

15) Qual a maior contribuição de cada Quadro Analítico para a análise da empresa?

16) Você emprestaria recursos para uma empresa com indicador financeiro de endividamento bancário maior que 1? Justifique sua resposta.

17) Aponte três ações possíveis para reduzir o Ciclo Financeiro (CF) de uma empresa e explique suas dificuldades de implementação.

18) Explique em que condições uma empresa pode vir a ter seu risco operacional e financeiro muito elevado caso suas vendas dupliquem.

19) A empresa Jr. foi contratada por um investidor de risco para ajudá-lo na decisão de investir em um empreendimento industrial. O inves-

tidor fez vários estudos, mas possui muitas dúvidas em relação ao capital de giro das duas empresas potenciais.

A Jr. contratou você para fazer uma análise dessas empresas, principalmente quanto à necessidade de capital de giro, bem como para recomendar em qual empresa deve investir.

São dados os seguintes demonstrativos da Indústria de Alimentos Papeloc Ltda. (a) e da Cia. de Refrigerantes Potiguar Ltda. (b): Balanço Patrimonial, Demonstrativo de Resultado e Demonstrativo de Dados Complementares.

Elabore o Mapa de Acompanhamento do Capital de Giro e faça uma análise das empresas.

a — Indústria de Alimentos Papeloc Ltda.

I — BALANÇO PATRIMONIAL

PERÍODOS	2001	2002	2003
Ativo			
Circulante Financeiro			
Disponível	9.944	3.219	4.167
Aplicações Financeiras	11.561	21.255	20.529
Subsoma	**21.505**	**24.474**	**24.696**
Circulante Operacional			
Duplicatas a Receber	119.952	180.949	152.846
Estoques	65.007	92.932	114.503
Subsoma	**184.959**	**273.881**	**267.349**
Total Ativo Circulante	**206.464**	**298.355**	**292.045**
Realizável a Longo Prazo	**132.350**	**16.535**	**22.927**
Permanente			
Investimentos	116	182.291	138.748
Imobilizado	651.894	722.787	758.873
Diferido	—	82	—
Subsoma	**652.010**	**905.160**	**897.621**
Total Ativo	**990.824**	**1.220.050**	**1.212.593**

(continua)

(continuação)

Passivo			
Circulante Operacional			
Fornecedores	90.224	124.973	210.396
Outras Obrigações	32.110	55.023	20.391
Subsoma	**122.334**	**179.996**	**230.787**
Circulante Financeiro			
Empréstimos Bancários	212.866	119.687	8.493
Duplicatas Descontadas	—	—	—
Subsoma	**212.866**	**119.687**	**8.493**
Total Passivo Circulante	**335.200**	**299.683**	**239.280**
Exigível a Longo Prazo			
Empréstimos	18.012	17.135	156.332
Financiamentos	172.624	390.954	11.725
Subsoma	**190.636**	**408.089**	**168.057**
Capital Terceiros			
Patrimônio Líquido			
Capital + Reservas	474.566	536.629	881.735
Lucros Acumulados	– 9.578	– 24.351	– 76.479
Subsoma	**464.988**	**512.278**	**805.256**
Total Passivo	**990.824**	**1.220.050**	**1.212.593**

2 — DEMONSTRAÇÃO DE RESULTADOS

PERÍODOS	2001	2002	2003
Receita Líquida	**396.771**	**1.110.626**	**1.155.181**
(–) CMV	285.366	759.610	775.417
= Lucro Bruto	**111.405**	**341.016**	**379.764**
(–) Despesas Operacionais	92.970	335.896	297.419
(+) Outras Receitas Operacionais	6.440	54.392	6.958
= Lucros Operacionais antes do Resultado Financeiro	**24.875**	**59.512**	**89.303**
(+) Receitas Financeiras	50.345	99.999	47.786
(–) Despesas Financeiras	69.963	179.548	166.831
= Lucro Operacional	**5.257**	**– 20.037**	**– 29.742**
(+) Resultado não Operacional	805	126	– 23.456
= Lucro antes do IR	**6.062**	**– 19.911**	**– 53.198**
= Lucro Líquido	**4.616**	**– 20.746**	**– 53.261**

3 — DADOS COMPLEMENTARES

PERÍODOS	2001	2002	2003
Receitas Brutas Vendas	**460.487**	**1.308.870**	**1.426.420**
(–) Impostos	63.716	208.244	271.239
= Vendas Realizadas	**396.771**	**1.110.626**	**1.155.181**
= Receitas Líquidas	**396.771**	**1.110.626**	**1.155.181**
Outras Receitas Operacionais	6.440	54.392	6.958
Receita da Equivalência Patrimonial	– 1.330	– 12.571	– 22.631
Ganhos com Inflação	20.095	57.122	56.975
Subsoma	**422.003**	**1.199.569**	**1.196.483**
Despesas Operacionais			
De Vendas	– 84.387	– 242.014	– 239.702
Administrativas	– 106.148	– 361.053	– 409.506
Gerais	– 7.280	– 26.286	– 26.040
Subsoma	**227.188**	**570.216**	**524.232**
Compras	199.756	531.727	542.791
Estoques			
Matéria-prima			
Produtos em Processo			
Produtos Acabados	65.007	92.932	114.503
Subsoma			

b — Cia. de Refrigerantes Potiguar Ltda.

I — BALANÇO PATRIMONIAL

PERÍODOS	2001	2002	2003
Ativo			
Circulante Financeiro			
Disponível	46.682	58.283	38.413
Aplicações Financeiras	20.198	25.958	17.518
Subsoma	**68.880**	**84.241**	**55.931**
Circulante Operacional			
Duplicatas a Receber	15.023	13.318	15.122
Estoques	18.912	9.926	12.305
Subsoma	**33.935**	**23.244**	**27.427**
Total Ativo Circulante	**102.815**	**107.485**	**83.358**

(continua)

(continuação)

Realizável a Longo Prazo			
Permanente			
Investimentos	28.844	27.835	23.446
Imobilizado	30.256	35.209	17.790
Diferido	—	—	—
Subsoma	**59.100**	**63.044**	**41.236**
Total Ativo	**161.915**	**170.529**	**124.594**
Passivo			
Circulante Operacional			
Fornecedores	5.455	5.918	6.492
Outras Obrigações	1.942	6.663	2.376
Subsoma	**7.397**	**12.581**	**8.868**
Circulante Financeiro			
Empréstimos Bancários	11.974	10.921	4.948
Duplicatas Descontadas	59.896	55.684	31.796
Subsoma	**71.870**	**66.605**	**36.744**
Total Passivo Circulante	**79.267**	**79.186**	**45.612**
Exigível a Longo Prazo			
Empréstimos	20.199	24.500	23.729
Financiamentos			
Subsoma	**20.199**	**24.500**	**23.729**
Capital Terceiros			
Patrimônio Líquido			
Capital + Reservas	40.031	40.253	39.751
Lucros Acumulados	22.418	26.590	15.502
Subsoma	**62.449**	**66.843**	**55.253**
Total Passivo	**161.915**	**170.529**	**124.594**

2 — DEMONSTRAÇÃO DE RESULTADOS

PERÍODOS	2001	2002	2003
Receita Líquida	**138.646**	**130.917**	**119.290**
(–) CMV	– 83.763	– 79.429	– 80.243
= **Lucro Bruto**	**54.883**	**51.488**	**39.047**
(–) Despesas Operacionais	– 46.427	– 56.658	– 40.020
(+) Outras Receitas Operacionais	8.750	5.281	17.632

(continua)

(continuação)

= Lucros Operacionais antes do Resultado Financeiro	**17.206**	**111**	**16.659**
(+) Receitas Financeiras	829	429	555
(–) Despesas Financeiras	– 12.386	– 21.170	– 22.616
= Lucro Operacional	**5.649**	**– 20.630**	**– 5.402**
(+) Resultado não Operacional	—	—	—
= Lucro antes do IR	**10.649**		
= Lucro Líquido	**3.669**	**– 20.630**	**– 5.402**

3 — DADOS COMPLEMENTARES

PERÍODOS	2001	2002	2003
Receitas Brutas Vendas	**180.789**	**173.972**	**161.455**
(–) Impostos	32.542	31.315	29.062
= Vendas Realizadas	**148.247**	**142.657**	**132.393**
= Receitas Líquidas			
Outras Receitas Operacionais			
Receita da Equivalência Patrimonial	1.812	3.479	6.679
Ganhos com Inflação	942	2.297	2.472
Subsoma	**2.754**	**5.776**	**9.151**
Despesas Operacionais			
De Vendas	34.390	33.822	30.249
Administrativas	11.918	12.554	12.161
Gerais			
Subsoma	**46.308**	**46.376**	**42.410**
Compras	58.634	55.600	56.170
Estoques			
Matéria-prima			
Produtos em Processo			
Produtos Acabados	18.912	9.926	12.305
Subsoma			

20) Comente a frase: "Uma empresa pode falir por excesso ou falta de pedidos".

21) Explique as diferenças entre fontes e aplicações de recursos.

22) Explique como é composta a estrutura patrimonial de um Balanço e o significado de cada grupo de contas.

23) O que é NCG permanente?

24) Elabore um Balanço que apresente saldo disponível da empresa negativo.

25) Uma empresa obteve a conta garantida no valor de R$ 190.000 por 45 dias. Na abertura de crédito, será cobrada uma TAC de 1% (cobrada no ato e incidente sobre o limite), bem como serão cobrados encargos financeiros de 3,5% ao mês, conforme quadro a seguir. Calcular os juros pagos e o custo da operação.

Movimentação:				
saques —	1/05	—	R$ 40.000	depósitos — 10/06 — R$ 50.000
	2/05	—	R$ 120.000	
	13/05	—	R$ 80.000	

26) Uma empresa precisa de R$ 2.000.000 por dois dias úteis. As taxas de *over* mensais são de 1,9% e 2,3%, respectivamente. São considerados 23 dias úteis no período da operação. O banco cobra *spread* de 0,07% ao dia e o IOF é de 0,0037% ao dia, descontado antecipadamente. Os juros e o *spread* são acumulados ao montante da dívida e pagos no final da operação. Calcular os valores recebidos e pagos pela empresa.

27) Uma empresa deseja descontar uma duplicata no valor de R$ 150.000 com vencimento em 60 dias. A taxa de juros oferecida pelo banco é de 3,9% ao mês, o IOF é de 0,0037% ao dia e não foi cobrada a TAC de 2%. Calcular a taxa de juros efetiva.

28) Uma empresa emite R$ 2.500.000 em *commercial papers* por 180 dias. Oferece taxa de juros de 1,7% ao mês, ou 8,34% ao semestre, e paga mais 0,35% do valor da emissão referente às despesas diversas. Calcular o valor recebido pela empresa e os custos mensais da operação.

Referências

Parte II

ASSAF NETO, A. *Mercado financeiro.* São Paulo: Atlas, 1999.

ASSAF NETO, A.; TIBÚRCIO SILVA, C. A. *Administração de capital de giro.* 2. ed. São Paulo: Atlas, 1997.

DI AGUSTINI, C. A. *Capital de giro*. São Paulo: Atlas, 1996.

FREZATTI, Fábio. *Gestão do fluxo de caixa diário*. São Paulo: Atlas, 1994.

GITMAN, Lawrence, J. *Princípios de administração financeira.* 2. ed. Porto Alegre: Bookman, 2001.

MATARAZZO, D. C. *Análise financeira e de balanços*. 5. ed. São Paulo: Atlas, 1998.

RUMMLER,G. A; BRACHE, A. P. *Melhores desempenhos das empresas.* São Paulo: Makron, 1994.

Respostas

Parte II

1) O curto prazo é um período de tempo inferior a um ano, e o longo prazo é um período de tempo superior a um ano.

2) O enfoque contábil concentra-se no registro dos dados do ATIVO e PASSIVO, isto é, a contabilidade preocupa-se com os aspectos quantitativos. No enfoque financeiro, a preocupação é qualitativa, usa os dados registrados pela contabilidade de forma gerencial, isto é, definindo políticas de compras, níveis de estoque de contas a pagar e a receber, da necessidade de capital de giro, etc.

3) A decisão em manter um determinado nível de estoque de matérias-primas, produtos em processo e acabados "custa" dinheiro para as empresas, que investem na compra e no pagamento das matérias-primas e dos produtos finais antes de vendê-los, da mesma forma, o volume de crédito concedido aos clientes, que são valores não recebidos à vista.

4) Ao contrário das contas referentes a, estoque e duplicatas a receber que representam valores que a empresa investe, as contas de fornecedores e impostos a pagar representam agora o "fôlego" obtido pela empresa justamente para financiar o nível de estoque e de duplicatas a receber. É a contrapartida, o valor a pagar, chamado de fonte ou financiamento de recursos.

5) a) A diferença consiste em que as contas operacionais são pertinentes ao "negócio" da empresa, ou seja, sua atividade principal de manufaturar, vender, prestar serviços etc., ao passo que as contas financeiras são não operacionais, estão fora do "negócio" da empresa e representam a movimentação de recursos de caixa, bancos, aplicações, empréstimos, descontos de duplicatas etc.

b) A diferença consiste em que as contas operacionais são pertinentes ao "negócio" da empresa, ou seja, sua atividade principal de manufaturar, vender, prestar serviços etc., ao passo que as contas do permanente representam os valores investidos (imobilizados) para viabilizar a fabricação e/ou prestação de serviços, como investimentos em máquinas, equipamentos, prédios, pesquisa e desenvolvimento etc.

6) É a alternativa "c" ACO < PCO, as fontes de recursos (valores a pagar) são maiores que os investimentos (valores a receber), refletindo a sobra de caixa.

7) I – I – I – F – I – F – I

8); 9) e 10) A tabela a seguir responde essas questões.

DADOS INICIAIS

I — BALANÇO PATRIMONIAL

PERÍODOS	ANO 1	ANO 2	ANO 3
ATIVO			
CIRCULANTE			
CIRCULANTE FINANCEIRO			
Disponível	R$ 18.000	R$ 13.500	R$ 15.000
Apl. Financeiras	R$ 71.000	R$ 50.000	R$ 36.000
Outros	R$ 2.000	R$ 1.500	R$ 1.000
Subsoma	**R$ 91.000**	**R$ 65.000**	**R$ 52.000**
CIRCULANTE OPERACIONAL			
Duplicatas a Receber	R$ 850.000	R$ 970.000	R$ 1.290.000
Estoques	R$ 450.000	R$ 550.000	R$ 800.000
Outros	R$ 0	R$ 0	R$ 0
Subsoma	**R$ 1.300.000**	**R$ 1.520.000**	**R$ 2.090.000**
Total Circulante	**R$ 1.391.000**	**R$ 1.585.000**	**R$ 2.142.000**
REALIZÁVEL A LONGO PRAZO	R$ 11.000	R$ 9.000	R$ 8.000
PERMANENTE			
Imóveis	R$ 180.000	R$ 183.000	R$ 185.000
Máquinas/Equipamentos	R$ 670.000	R$ 1.500.000	R$ 1.700.000
Veículos	R$ 41.000	R$ 43.000	R$ 45.000
Subsoma	**R$ 891.000**	**R$ 1.726.000**	**R$ 1.930.000**
Total Ativo	**R$ 2.293.000**	**R$ 3.320.000**	**R$ 4.080.000**

(continua)

(continuação)

PASSIVO			
CIRCULANTE FINANCEIRO			
Empréstimos Bancários	R$ 190.000	R$ 305.000	R$ 610.000
Duplicatas Descontadas	R$ 11.000	R$ 35.000	R$ 70.000
Subsoma	**R$ 201.000**	**R$ 340.000**	**R$ 680.000**
CIRCULANTE OPERACIONAL			
Fornecedores	R$ 400.000	R$ 550.000	R$ 800.000
Outras Obrigações	R$ 260.000	R$ 350.000	R$ 360.000
Subsoma	**R$ 660.000**	**R$ 900.000**	**R$ 1.160.000**
Total Circulante	**R$ 861.000**	**R$ 1.240.000**	**R$ 1.840.000**
EXIGÍVEL A LONGO PRAZO			
Impostos e Contribuições	R$ 270.000	R$ 370.000	R$ 500.000
C/C de Empresas Coligadas	R$ 112.000	R$ 250.000	R$ 200.000
Subsoma	**R$ 382.000**	**R$ 620.000**	**R$ 700.000**
PATRIMÔNIO LÍQUIDO			
Capital + Reservas	R$ 600.000	R$ 1.000.000	R$ 1.050.000
Lucros Acumulados	R$ 450.000	R$ 460.000	R$ 490.000
Subsoma	**R$ 1.050.000**	**R$ 1.460.000**	**R$ 1.540.000**
Total Passivo	**R$ 2.293.000**	**R$ 3.320.000**	**R$ 4.080.000**

2 — DEMONSTRATIVO DE RESULTADO	ANO 1	ANO 2	ANO 3
Receita Líquida	**R$ 2.360.000**	**R$ 2.292.000**	**R$ 2.988.000**
(-) CMV	R$ 1.850.000	R$ 1.892.000	R$ 2.442.000
(=) Lucro Bruto	**R$ 510.000**	**R$ 400.000**	**R$ 546.000**
(-) Despesas Operacionais	R$ 250.000	R$ 235.000	R$ 280.000
(+) Outras Receitas Operacionais	R$ 10.000	R$ 6.000	R$ 3.000
(=) Lucro Antes do Resultado Financeiro	**R$ 270.000**	**R$ 171.000**	**R$ 269.000**
(+) Receitas Financeiras	R$ 1.800	R$ 2.800	R$ 500
(-) Despesas Financeiras	R$ 115.000	R$ 160.000	R$ 230.000
(=) Lucro Operacional	**R$ 156.800**	**R$ 13.800**	**R$ 39.500**
(+) Resultado Não Operacional	R$ 1.300	R$ 900	R$ 3.000
(=) Lucro Antes do IR	**R$ 158.100**	**R$ 14.700**	**R$ 42.500**
(-) IR (27,5%)	R$ 43.478	R$ 4.043	R$ 11.688
(=) Lucro Líquido	**R$ 114.623**	**R$ 10.658**	**R$ 30.813**

(continua)

(continuação)

3 — DADOS COMPLEMENTARES	ANO 1	ANO 2	ANO 3
Receita Bruta de Vendas	**R$ 3.200.000**	**R$ 2.900.000**	**R$ 3.800.000**
(-) Devoluções e Abatimentos	R$ 250.000	R$ 35.000	R$ 65.000
(=) Vendas Realizadas	**R$ 2.950.000**	**R$ 2.865.000**	**R$ 3.735.000**
(-) Impostos (20%)	R$ 590.000	R$ 573.000	R$ 747.000
(=) Receitas Líquidas	**R$ 2.360.000**	**R$ 2.292.000**	**R$ 2.988.000**
Despesas Operacionais			
De Vendas	R$ 65.000	R$ 55.000	R$ 80.000
Administrativas	R$ 145.000	R$ 150.000	R$ 150.000
Gerais	R$ 40.000	R$ 30.000	R$ 50.000
Subsoma	**R$ 250.000**	**R$ 235.000**	**R$ 280.000**
Compras	**R$ 1.560.000**	**R$ 1.500.000**	**R$ 2.100.000**
Estoques			
Matérias Primas	R$ 50.000	R$ 30.000	R$ 90.000
Produtos em Processo	R$ 220.000	R$ 250.000	R$ 450.000
Produtos Acabados	R$ 180.000	R$ 270.000	R$ 260.000
Subsoma	**R$ 450.000**	**R$ 550.000**	**R$ 800.000**

QUADROS ANALÍTICOS

I — BALANÇO PATRIMONIAL

PERÍODOS	ANO I	Análise Vertical	ANO 2	Análise Vertical	Análise Horizontal	ANO 3	Análise Vertical	Análise Horizontal
ATIVO								
CIRCULANTE								
CIRCULANTE FINANCEIRO								
Disponível	R$ 18.000	1%	R$ 13.500	0%	– 25%	R$ 15.000	0%	11%
Apl. Financeiras	R$ 71.000	3%	R$ 50.000	2%	– 30%	R$ 36.000	1%	– 28%
Outros	R$ 2.000	0%	R$ 1.500	0%	– 25%	R$ 1.000	0%	– 33%
Subsoma	**R$ 91.000**	**4%**	**R$ 65.000**	**2%**	**– 29%**	**R$ 52.000**	**1%**	**– 20%**
CICULANTE OPERACIONAL								
Duplicatas a Receber	R$ 850.000	37%	R$ 970.000	29%	14%	R$ 1.290.000	32%	33%
Estoques	R$ 450.000	20%	R$ 550.000	17%	22%	R$ 800.000	20%	45%
Outros	R$ 0	0%	R$ 0	0%		R$ 0	0%	
Subsoma	**R$ 1.300.000**	**57%**	**R$ 1.520.000**	**46%**	**17%**	**R$ 2.090.000**	**51%**	**38%**
Total Circulante	**R$ 1.391.000**	**61%**	**R$ 1.585.000**	**48%**	**14%**	**R$ 2.142.000**	**53%**	**35%**
REALIZÁVEL A LONGO PRAZO	**R$ 11.000**	**0%**	**R$ 9.000**	**0%**	**– 18%**	**R$ 8.000**	**0%**	**– 11%**
PERMANENTE								
Imóveis	R$ 180.000	8%	R$ 183.000	6%	2%	R$ 185.000	5%	1%
Máquinas / Equipamentos	R$ 670.000	29%	R$ 1.500.000	45%	124%	R$ 1.700.000	42%	13%
Veículos	R$ 41.000	2%	R$ 43.000	1%	5%	R$ 45.000	1%	5%
Subsoma	**R$ 891.000**	**39%**	**R$ 1.726.000**	**52%**	**94%**	**R$ 1.930.000**	**47%**	**12%**
Total Ativo	**R$ 2.293.000**	**100%**	**R$ 3.320.000**	**100%**	**45%**	**R$ 4.080.000**	**100%**	**23%**

(continua)

(continuação)

PASSIVO								
CIRCULANTE FINANCEIRO								
Empréstimos Bancários	R$ 190.000	8%	R$ 305.000	9%	61%	R$ 610.000	15%	100%
Duplicatas Descontadas	R$ 11.000	0%	R$ 35.000	1%	218%	R$ 70.000	2%	100%
Subsoma	**R$ 201.000**	**9%**	**R$ 340.000**	**10%**	**69%**	**R$ 680.000**	**17%**	**100%**
CIRCULANTE OPERACIONAL								
Fornecedores	R$ 400.000	17%	R$ 550.000	17%	38%	R$ 800.000	20%	45%
Outras Obrigações	R$ 260.000	11%	R$ 350.000	11%	35%	R$ 360.000	9%	3%
Subsoma	**R$ 660.000**	**29%**	**R$ 900.000**	**27%**	**36%**	**R$ 1.160.000**	**28%**	**29%**
Total Circulante	**R$ 861.000**	**38%**	**R$ 1.240.000**	**37%**	**44%**	**R$ 1.840.000**	**45%**	**48%**
EXIGÍVEL A LONGO PRAZO								
Impostos e Contribuições	R$ 270.000	12%	R$ 370.000	11%	37%	R$ 500.000	12%	35%
C/C de Empresas Coligadas	R$ 112.000	5%	R$ 250.000	8%	123%	R$ 200.000	5%	– 20%
Subsoma	**R$ 382.000**	**17%**	**R$ 620.000**	**19%**	**62%**	**R$ 700.000**	**17%**	**13%**
PATRIMÔNIO LÍQUIDO								
Capital + Reservas	R$ 600.000	26%	R$ 1.000.000	30%	67%	R$ 1.050.000	26%	5%
Lucros Acumulados	R$ 450.000	20%	R$ 460.000	14%	2%	R$ 490.000	12%	7%
Subsoma	**R$ 1.050.000**	**46%**	**R$ 1.460.000**	**44%**	**39%**	**R$ 1.540.000**	**38%**	**5%**
Total Passivo	**R$ 2.293.000**	**100%**	**R$ 3.320.000**	**100%**	**45%**	**R$ 4.080.000**	**100%**	**23%**

2 — PRAZOS MÉDIOS

	ANO 1	ANO 2	ANO 3	Variação % (3 s/ 1)
PMV	88	105	118	35%
PMC	130	152	155	20%
PMPFo	92	132	137	49%
CO = PMV+PMC	**217**	**257**	**273**	**26%**
CF = CO-PMPFo	**125**	**125**	**136**	**9%**

3 — MOVIMENTAÇÃO DO CGP

	ANO 1	ANO 2	ANO 3
PATRIMÔMIO LÍQUIDO	R$ 1.050.000	R$ 1.460.000	R$ 1.540.000
ATIVO PERMANENTE	R$ 891.000	R$ 1.726.000	R$ 1.930.000
CGP	**R$ 159.000**	**– R$ 266.000**	**– R$ 390.000**
VARIAÇÃO DO CGP		**– R$ 425.000**	**– R$ 124.000**

4A — DEMONSTRATIVO DA NCG no ANO 1 e ANO 2

	ANO 1	ANO 2	Variação R$		ANO 1	ANO 2	Variação R$
Ativo Circulante				Passivo Financeiro			
Duplic. a Receber	R$ 850.000	R$ 970.000	R$ 120.000	Empr. Bancários	R$ 190.000	R$ 305.000	R$ 115.000
Estoques	R$ 450.000	R$ 550.000	R$ 100.000	Duplicatas Descontadas	R$ 11.000	R$ 35.000	R$ 24.000
Outras	R$ 0	R$ 0	R$ 0				
Subsoma	**R$ 1.300.000**	**R$ 1.520.000**	**R$ 220.000**	Subsoma	**R$ 201.000**	**R$ 340.000**	**R$ 139.000**
Passivo Circulante				Ativo Financeiro			
Fornecedores	R$ 400.000	R$ 550.000	R$ 150.000	Disponibilidades	R$ 18.000	R$ 13.500	– R$ 4.500
Outras Obrigações	R$ 260.000	R$ 350.000	R$ 90.000	Apl. Financeiras	R$ 71.000	R$ 50.000	– R$ 21.000
Subsoma	**R$ 660.000**	**R$ 900.000**	**R$ 240.000**	Outros	R$ 2.000	R$ 1.500	– R$ 500
				Subsoma	R$ 91.000	R$ 65.000	– R$ 26.000
NCG	**R$ 640.000**	**R$ 620.000**	**– R$ 20.000**				
CGP	**R$ 159.000**	**– R$ 266.000**	**– R$ 425.000**	TESOURARIA	**R$ 110.000**	**R$ 275.000**	**R$ 165.000**
Ativo Permanente	R$ 891.000	R$ 1.726.000	**R$ 835.000**	Patrimônio Líquido	R$ 1.050.000	R$ 1.460.000	**R$ 410.000**
Realizável L. Prazo	R$ 11.000	R$ 9.000	**– R$ 2.000**	Exigível L. Prazo	R$ 382.000	R$ 620.000	**R$ 238.000**
Total	**R$ 1.542.000**	**R$ 2.355.000**	R$ 813.000	Total	**R$ 1.542.000**	**R$ 2.355.000**	**R$ 813.000**

4B — DEMONSTRATIVO DA NCG no ANO 2 e ANO 3

	ANO 2	ANO 3	Variação R$		ANO 2	ANO 3	Variação R$
Ativo Circulante				Passivo Financeiro			
Duplic. a Receber	R$ 970.000	R$ 1.290.000	R$ 320.000	Empr. Bancários	R$ 305.000	R$ 610.000	R$ 305.000
Estoques	R$ 550.000	R$ 800.000	R$ 250.000	Duplicatas Descontadas	R$ 35.000	R$ 70.000	R$ 35.000
Outras	R$ 0	R$ 0	R$ 0				
Subsoma	R$ 1.520.000	R$ 2.090.000	R$ 570.000	Subsoma	R$ 340.000	R$ 680.000	**R$ 340.000**
Passivo Circulante				Ativo Financeiro			
Fornecedores	R$ 550.000	R$ 800.000	R$ 250.000	Disponibilidades	R$ 13.500	R$ 15.000	R$ 1.500
Outras Obrigações	R$ 350.000	R$ 360.000	R$ 10.000	Apl. Financeiras	R$ 50.000	R$ 36.000	– R$ 14.000
Subsoma	**R$ 900.000**	**R$ 1.160.000**	**R$ 260.000**	Outros	**R$ 1.500**	**R$ 1.000**	**– R$ 500**
				Subsoma	R$ 65.000	R$ 52.000	**– R$ 13.000**
NCG	**R$ 620.000**	R$ 930.000	R$ 310.000				
CGP	**– R$ 266.000**	– R$ 390.000	– R$ 124.000	TESOURARIA	R$ 275.000	R$ 628.000	**R$ 353.000**
Ativo Permanente	R$ 1.726.000	R$ 1.930.000	R$ 204.000	Patrimônio Líquido	R$ 1.460.000	R$ 1.540.000	**R$ 80.000**
Realizável L. Prazo	R$ 9.000	R$ 8.000	– R$ 1.000	Exigível L. Prazo	R$ 620.000	R$ 700.000	**R$ 80.000**
Total	**R$ 2.355.000**	**R$ 2.868.000**	**R$ 513.000**	Total	**R$ 2.355.000**	**R$ 2.868.000**	**R$ 513.000**

INDICADORES ECONÔMICO FINANCEIROS					
1 — LIQUIDEZ		**Fórmulas**	**ANO 1**	**ANO 2**	**ANO 3**
Corrente	Índice	AC/PC	1,62	1,28	1,16
Geral	Índice	AC+RLP/PC+ELP	1,13	0,86	0,85
Seca	Índice	AC-EST/PC	1,09	0,83	0,73
2 — ESTRUTURA DE GIRO			**ANO 1**	**ANO 2**	**ANO 3**
End. Bancário	R$	NCG - CGP	R$ 481.000	R$ 886.000	R$ 1.320.000
Financ. da NCG	%	CGP/NCG	25%	-43%	-42%
Imobilização do PL	%	AP/PL	85%	118%	125%
End. Bancário s/ PL	%	End. Banc./PL	46%	61%	86%
3 — LUCRATIVIDADE			**ANO 1**	**ANO 2**	**ANO 3**
Margem Bruta	%	LB/VL	21,6%	17,5%	18,3%
Operacional	%	LO/VL	6,6%	0,6%	1,3%
Sobre Vendas	%	LL/VL	4,9%	0,5%	1,0%
4 — RENTABILIDADE			**ANO 1**	**ANO 2**	**ANO 3**
Patrimonial	%	LL/PL-LL	12,3%	0,7%	2,0%
Operacional	%	LO/AT médio		0,5%	1,1%

(continua)

(continuação)

5 — CICLO FINANCEIRO			**ANO 1**	**ANO 2**	**ANO 3**
Prazo Médio Vendas	Dias	PME	88	105	118
Prazo Médio Cobrança	Dias	PMC	130	152	155
Prazo Médio Pagam.	Dias	PMP	92	132	137
CICLO OPERACIONAL	Dias	CO	217	257	273
CICLO FINANCEIRO	Dias	CF	125	125	136
6 — EQUILÍBRIO EMPRESARIAL			**ANO 1**	**ANO 2**	**ANO 3**
Importância do Cap. Giro	%	NCG/Vendas Líq.	27%	27%	31%
Capacidade de Cobertura	%	CGP+Ex.LP/NCG	85%	57%	33%
Dimensão do CGP	Meses	CGP-NCG/Vendas*12	– 2,4	– 4,6	– 5,3
Impacto do Fl. de Caixa	%	Tesouraria/Vendas Líq.	5%	12%	21%
NCG	R$	NCG	R$ 640.000	R$ 620.000	R$ 930.000
TESOURARIA	R$	TESOURARIA	R$ 110.000	R$ 275.000	R$ 628.000
EXIG. LONGO PRAZO	R$	EXIG. LONGO PRAZO	R$ 382.000	R$ 620.000	R$ 700.000
CGP	R$	CGP	R$ 159.000	R$ (266.000)	R$ (390.000)

1 — EQUAÇÕES INICIAIS

a) NCG = VB / X

R$ 930.000 R$ 3.800.000/ 4,086

b) AP = Y * VB

R$ 1.930.000 = R$ 3.800.000 * 0,508

c) PL = PLt0 + (Z*VB)

R$ 1.540.000 = R$ 1.460.000 + (Z * R$ 3.800.000)

R$ 80.000 = 0,021 * R$ 3.800.000

(NCG - CGP) / PL < 0,5

2 — ESTUDO DA CAPACIDADE de EXPANSÃO

R$ 2,95 R$ 8.948.387

R$ 3.037.226

Nível de Endividamento Desejado
em relação às Vendas Brutas - VB = 0,5

1) Atual	NCG = VB/4,086 =	R$ 930.000	2) Desejado	R$ 743.321
	AP = 0,508 VB =	R$ 1.930.000		R$ 1.542.591
	PL = 1.460.000 + 0,021 VB =	R$ 1.540.000		R$ 1.523.942
	CGP = PL - AP =	R$ (390.000)		R$ (18.650)
	EB = NCG - CGP =	R$ 1.320.000		R$ 761.971
	EB/PL =	86%		50%
	VB =	R$ 3.800.000		R$ 3.037.226

11) O Fluxo de Caixa é dividido em quatro subfluxos: o OPERACIONAL, que relaciona as entradas e saídas provenientes da principal atividade da empresa: o FINANCEIRO, que engloba as entradas e saídas não operacionais: o de ATIVOS, que relaciona os recebimentos das vendas de ativos e os pagamentos das compras do mesmo e, por fim, o dos ACIONISTAS, por meio do qual se injeta capital e se retira recursos, como, dividendos, pro-labore, etc.

12) Para a empresa melhorar sua rentabilidade, deve de uma maneira geral aumentar seu volume de vendas, o que implica muitas vezes em dar mais prazo de pagamento aos clientes. Em contrapartida, para melhorar sua liquidez, o ideal para a empresa é vender à vista, o que, em geral, dificulta as vendas. Sempre existirá o conflito entre a área comercial e a financeira da empresa, cabendo à sua diretoria definir as prioridades para cada departamento.

13) O CGP representa o valor de capital de giro que a empresa possui naquele momento, e a NCG representa sua necessidade de capital de giro para manter o volume de produção e vendas, ou seja, por meio dos dois indicadores, o diretor financeiro identifica a diferença entre sua necessidade e o capital de giro disponível para manter a empresa funcionando perfeitamente.

14) São os seguintes: Prazos Médios; Movimentação do CGL; Demonstrativo da NCG a partir do Ciclo Financeiro; Indicadores; Demonstrativo da NCG em número de dias; Estudo da Capacidade de Expansão – Overtrading.

15) O primeiro passo é teórico, é preciso conhecer **os conceitos**, o significado do que é o prazo médio, CGL, NCG, Indicadores etc. O segundo passo consiste **na análise de dados por meio de uma série histórica,** e o terceiro é **compará-lo com o setor** do negócio envolvido.

16) Uma empresa com endividamento bancário maior que 1 indica que sua dívida é maior que seu patrimônio líquido, isto é, se a empresa parasse suas atividades e fosse vendida, o valor obtido não seria suficiente para cobrir suas dívidas. Essa informação pode ou não ser determinante na liberação de um empréstimo bancário, por isso é necessário aplicar o modelo de análise proposto e, então, decidir com base em dados e informações mais completas.

17) As ações propostas e suas dificuldades podem ser:

Ações Propostas	Dificuldades e Implementação
Reduzir Prazo Médio de Recebimento de Matéria-Prima	Seleção e Classificação de Fornecedores
Reduzir Prazo Médio de Fabricação	Otimização dos Processos, Investimentos em novas máquinas e equipamentos e treinamento de pessoal.
Reduzir Prazo Médio de Cobrança	Negociação com Clientes
Reduzir Prazo Médio de Pagamento	Negociação com Fornecedores
Reduzir Prazo Médio de Estoque	Agilidade no Departamento Comercial

18) O Risco Operacional e Financeiro sobe se a empresa não dispuser de Capital de Giro suficiente para manter o nível de produção e de vendas desejado.

19) Utilize as planilhas disponíveis

20) A frase é muito pertinente, pois falir por falta de pedidos é auto-explicativo, o difícil de aceitar é que o crescimento rápido sem a contrapartida do volume de capital de giro necessário leva a empresa ao endividamento alto e a despesas financeiras fora de controle, o que implica uma elevada taxa de risco.

21) As aplicações de recursos representam os investimentos da empresa, e as fontes representam os valores obtidos a pagar, ou seja, seu fôlego para "bancar" os investimentos.

22) São três grupos de contas principais, CIRCULANTE, LONGO PRAZO, PERMANENTE e PATRIMÔNIO LÍQUIDO. As contas do Circulante representam os valores a receber e a pagar com vencimento em menos de um ano. As Contas de Longo Prazo, principalmente Realizável e Exigível, representam valores com vencimento num prazo maior que um ano. As contas do Permanente representam os investimentos em Ativos fixos dando suporte de máquinas, equipamentos, edificações para a fabricação e/ou prestação de serviços.

23) A NCG permanente representa a necessidade de capital de giro para suprir as atividades operacionais sem considerar a sazonalidade da fabricação e da venda do produto e/ou serviço.

24) Utilize as planilhas disponíveis.

25) Juros pagos no 1º mês = R$ 7.032,49 e no 2º mês = R$ 7.809,97.

26) Valor recebido = R$ 1.999.852; Valor pago = R$ 2.005.458,30.

27) Taxa mensal = 4%; 8,17% em 60 dias.

28) Valor recebido = R$ 2.491.125; juros mensais = R$ 35.875,00.